Libertando sua Mente com PNL

Profissionais abordam como transformar ideias em resultados com aplicação de exercícios práticos da PNL

Coordenação:
Andréia Roma e Deroní Sabbi

São Paulo, 2017

Copyright© 2017 by Editora Leader
Todos os direitos da primeira edição são reservados à **Editora Leader**
Diretora de projetos: Andréia Roma
Diretor executivo: Alessandro Roma
Marketing editorial: Taune Cesar
Gerente comercial: Liliana Araujo
Atendimento: Rosângela Barbosa

Projeto gráfico e diagramação: Roberta Regato
Capa: Raul Rangel
Revisão: Miriam Franco Novaes

Dados Internacionais de Catalogação na Publicação (CIP)
Bibliotecária responsável: Aline Graziele Benitez CRB8/9922

L945	Libertando sua mente com PNL: profissionais da área abordam como transformar ideias em resultados, com aplicação e exercícios práticos da teoria e prática. – [coord.] Andréia Roma, Deroní Sabbi. – 1. ed. – São Paulo: Leader, 2017.
	ISBN: 978-85-66248-99-9
	1. Programação neurolinguística. I. Título.
	CDD 410

Índice para catálogo sistemático: 1. Programação neurolinguística: **CDD 410**

EDITORA LEADER
Rua Nuto Santana, 65, 2º andar, sala 3
02970-000, Jardim São José, São Paulo - SP
(11) 3991-6136 / contato@editoraleader.com.br

Agradecimentos

"Libertando sua Mente com PNL" é mais uma publicação da Editora Leader que me enche de satisfação, mas, como tudo na vida que é importante, não foi realizada sem a colaboração e empenho de outras pessoas.

Por isso, quero agradecer a cada um dos profissionais convidados, cada qual com seus inestimáveis conhecimentos e valiosas experiências. Juntos formam uma obra completa que vai levar os leitores a ultrapassarem suas visões sobre a PNL, libertando seus pensamentos e quebrando crenças limitantes que os impeçam de atingir sucesso na vida e carreira.

Agradeço por compartilharem seus conhecimentos, por construírem um conteúdo de qualidade.

Meu profundo agradecimento ao nosso Professor Deroní Sabbi que convidei com a proposta de fazer desta obra uma verdadeira formação em PNL. Com este livro muitos terão acesso a maior parte do que acontece teoricamente em uma formação de PNL. Estou feliz, pois esta publicação vai apoiar muitos profissionais no mercado.

Agradeço ainda a todos que me apoiam nesta incrível jornada para cumprir a missão de levar sabedoria e entendimento a tantas pessoas: minha equipe, minha família e meus leitores, que são a razão maior de a Editora Leader existir.

Andréia Roma

Índice

Introdução 7

1. Bernardo Schuch de Castro 12
Como surgiu e se desenvolveu a PNL

2. Marlise Beatriz Felinberti 20
Pilares e pressupostos da PNL

3. Beatriz Pizzato 30
Como funcionam o cérebro e a mente

4. Deroní Sabbi 40
Acuidade perceptiva, leitura da mente e julgamento

5. Deroní Sabbi 50
As quatro linguagens do cérebro

6. Ednilson Moura 62
Rapport e empatia

7. Cecília Macedo Funck 72
O poder da palavra, diálogo interno e *feedback*

8. Beatriz Bruehmueller 82
Estados e Metaestados

9. Ademir Model 92
Alcance suas metas

10. David Medina 104
A magia das submodalidades

11. Décio Sabi 114
Posições perceptivas e Psicogeografia

12. Lourdes Costa 124
Metamodelo – a arte das perguntas precisas

13. Diego Wildberger 136
Hipnose ericksoniana e padrões de linguagem hipnótica

14. Diego Wildberger e Deroní Sabbi 146
O transe hipnótico no cotidiano e padrões complementares

15. Deroní Sabbi 156
Ancorando-se para obter melhores resultados

16. Maricléia dos Santos Roman 166
Linha do tempo e cura rápida de fobia

17. Dolores Bordignon 176
Ressignificação e negociação

18. Deroní Sabbi 184
O poder das metáforas

19. Ana Teles 194
Estratégias de Modelagem e TOTS

20. Deroní Sabbi 202
Níveis neurológicos e ecologia

21. Lisete Gorbing e Deroní Sabbi 212
Estratégias de criatividade, reação a críticas, flexibilidade e S.C.O.R.E.

22. Paulo Bach 222
PNL e aprendizagem

23. Lisete Gorbing e Tâmis Görbing Bastarrica 232
Utilizando a PNL com crianças – deixando de ser o lobo mau

24. Lisete Gorbing 240
PNL e Coaching

25. Deroní Sabbi 250
Juntando as peças do quebra-cabeça e indo além...

Deroní Sabbi
Diretor da Sociedade Brasileira de
Desenvolvimento do Potencial Humano

Andréia Roma,
Fundadora e diretora de projetos
da Editora Leader

Introdução

Liberte sua Mente com a Programação Neurolinguística – PNL, a ciência e a arte da excelência

Este livro foi escrito para aqueles que desejam ir além de um conhecimento racional, e estão treinando suas habilidades de maneira conduzida e orientada para tornarem-se praticantes, *practitioners*. Acreditamos que é juntando o conhecimento teórico com o treinamento de habilidades e atitudes congruentes que são estimuladas nos treinamentos, no relacionamento e interação com os colegas e *trainers* que podem incorporar estas habilidades e atitudes no seu comportamento tornando-se pessoas melhores. Sem isso, é como ler muito sobre a arte de tocar piano, sem nunca ser capaz de tocar uma peça musical.

Este livro será de grande utilidade aos que nunca fizeram um curso de PNL e àqueles que já fizeram e precisam de um norte para se orientar com o uso de cada uma das ferramentas aqui abordadas e para se conhecerem melhor, utilizando os seus recursos internos, melhorando suas habilidades de relacionamento, tornando-se pessoas mais produtivas e realizadas, sempre compreendendo que estas ferramentas funcionam melhor quando combinadas e utilizadas sinergicamente.

Sou grato à Andréia Roma, CEO da Editora Leader, que consciente de minha dedicação de mais de 30 anos ao estudo e prática da PNL e mais de 40 à prática da Hipnoterapia lançou-me o desafio de coordenar uma obra coletiva com o título "Libertando sua Mente com a PNL". Eu já havia sido coautor de diversas obras, a primeira, em 1976. Ela solicitou-me um livro que possa ser um referencial de como a PNL pode ser bem abordada e ensinada, como é feito em um bom curso de formação em PNL. Aceitei o desafio e com esta ideia delineei um sumário específico dos assuntos de cada capítulo para facilitar uma percepção de que todos os temas estão relacionados de forma sistêmica. Convidei colegas capacitados em que confio, alguns *practitioners, masters* e *trainers* em PNL para escrever, cada um sobre um tema, e me lancei na tarefa de orientar, ajustar e alinhar cada um dos capítulos integrados num todo harmônico e coerente.

Coube a mim a escrita de mais de um terço dos capítulos, e alguns escrevendo a quatro mãos em coautoria, inclusive com o psicólogo Ademir Model, que no decorrer deste processo foi assaltado e atingido com um tiro na coluna, com prognóstico médico de ficar tetraplégico. Dediquei-me a tratá-lo nas primeiras semanas, na UTI no hospital onde ele estava, em encontros diários por quase duas semanas, e enquanto conversava com ele fui elaborando junto o texto do seu artigo. Depois de intensos tratamentos, Ademir hoje, novembro de 2017, já move os braços e começa a mover as mãos. Desejamos que venha a recuperar a sensibilidade e o movimento das pernas.

Busquei referências nas tantas formações com os *practitioners, masters* e *trainers* que fiz ao longo dos anos, na literatura de PNL e também na experiência de mais de 25 anos ministrando Practitioner em PNL, Master, cursos de Hipnose e temas relacionados ao desenvolvimento do potencial humano.

Dediquei-me à tarefa complexa de construir junto com os coautores uma obra com continuidade e sinergia entre os capítulos, que possa servir de referência enriquecedora àqueles que querem ter uma primeira ideia do que trata esta abordagem, aos que estão se tornando praticantes assim como para os que querem aprofundar seu conhecimento da PNL e seu autoconhecimento.

A PNL em algumas décadas tornou-se conhecida em todos os continentes num aumento cada vez maior de estudiosos e passa a contar com uma aceitação cada vez maior nas empresas, escolas e universidades.

Cada capítulo deste livro torna-se uma peça de um quebra-cabeças sistêmico, que se junta entre si com a prática que é utilizada nos cursos para trazer para a aplicação do dia a dia.

Compreendo a PNL como a arte e a ciência da excelência, uma ferramenta prática que permite conhecer a nossa natureza subjetiva e ter mais acesso aos nossos recursos internos e criar os resultados que queremos obter em todas as áreas da vida.

Sua metodologia nos permite identificar ações conscientes e inconscientes, processos e estratégias mentais que originam os próprios comportamentos e resultados. Ela possibilita descobertas de padrões de excelência em qualquer pessoa em qualquer campo. Esses podem ser duplicados e ampliados, demonstrando maneiras eficientes de pensar e se comunicar usadas por pessoas de *performance* excepcional.

Muitas publicações da PNL referem-se a ela como tendo surgido na década de 70, com Bandler e Grinder, mas é preciso levar em conta o que podemos chamar de pré-história da PNL, pois sabemos que as referências e inspirações levadas em conta na estruturação da PNL vieram de diversos estudiosos entre 1929 e 1970, além de raízes mais antigas da Filosofia grega e outras.

Visando manter uma ordem sequencial de assuntos, aprofundaremos esse tema no primeiro capítulo, junto com o Bernardo. No capítulo dois, falaremos dos pilares e pressupostos da PNL, no terceiro trataremos de como funciona o cérebro e a mente, e assim sequencialmente abordaremos cada tema importante de um curso Practitioner em PNL.

Sugerimos a leitura de um capítulo por dia, buscando aí o embasamento necessário e sempre que possível praticando os exercícios em grupo, pois sabemos que o aprendizado maior da PNL se dá no FAZER, passando diversas vezes por diferentes papéis e posições perceptivas como a de Sujeito, Guia e Observador, cada uma proporcionando uma perspectiva diferente e única, o que traz uma experiência multidimensional que é impossível imaginar sem vivenciá-la com todos os elementos propiciados num bom treinamento experiencial.

Fazendo uma analogia, podemos compreender como é ter um filho, mas ter a experiência é sempre algo que vai além do que se pode imaginar, pois traz um enriquecimento sem precedentes na vida pessoal e profissional, sendo que cada pessoa pode realizar sua melhor versão.

Quando o aprendiz faz esta leitura em paralelo a um treinamento consistente, compreenderá melhor os conteúdos e todos os aprendizados farão maior sentido. Apenas fazer exercícios sem um amplo conhecimento de sua natureza e de seu embasamento teórico igualmente traria resultados limitados.

Se existir uma fórmula para um bom domínio das ferramentas da PNL, ela certamente terá como principais elementos a soma do embasamento teórico + a prática dos exercícios + a interação e relacionamento com os colegas + o alinhamento com os pressupostos básicos + o cultivo de atitudes éticas no uso das ferramentas.

Algumas vezes li um livro ou fiz um treinamento mais de uma vez e a segunda experiência levou-me a níveis de compreensão e integração mais amplos. Quando estive por quase seis meses na Índia, vi, ao visitar a casa de Gandhi, ao lado do Rio Ganges um cartaz com os dizeres "Quando um homem vai pela segunda vez ao mesmo rio, o rio que passa já não é o mesmo, e o homem que retorna também já não é o mesmo". É como subir numa montanha desvendando horizontes cada vez mais amplos.

Aristóteles afirmava que o que efetivamente conduz à transformação não são ações isoladas, mas ações repetidas muitas vezes, numa sequência sistemática que vai possibilitando um domínio cada vez maior do uso do pensamento, das emoções, das palavras e das ações e a partir daí a construção de hábitos produtivos e saudáveis que vão paulatinamente marcando o caráter e reconstruindo o destino do aprendiz.

As informações seguidas de prática conduzem ao conhecimento, e o conhecimento bem aplicado com bom senso para o bem de todos se transforma em sabedoria.

Desejamos ao leitor que trilhe o caminho que este livro propõe com persistência e constância, sempre atento às suas reflexões, às mudanças perceptíveis em sua consciência e os resultados em todas as áreas de sua vida. Que estes sejam saudáveis e prósperos!

Libertando sua Mente com PNL

1

Bernardo Schuch de Castro

Como surgiu e se desenvolveu a PNL

Primeiramente quero agradecer ao coordenador desta obra, Deroní Sabbi, por me convidar a escrever este artigo e ter me fornecido muitas informações que enriqueceram meu trabalho e me permitiram aprofundar o conhecimento da pré-história da PNL, que não se encontra na maior parte da literatura a respeito do tema, e exploraremos logo a seguir.

A PNL – Programação Neurolinguística é a arte e a ciência da excelência, uma ferramenta prática que nos permite criar os resultados que queremos obter. E qual a origem dessa poderosa ferramenta, talvez a mais eficiente dentre todas as técnicas já desenvolvidas pelo ser humano?

Podemos dizer que a maior parte dessas raízes pré-históricas da PNL podem ser percebidas nas contribuições essenciais no período de 1929 a 1970, embora se possam encontrar outras raízes entre filósofos de séculos anteriores e da filosofia ocidental e oriental mais antiga. Vamos explorar a seguir algumas das raízes da PNL.

William James, o pai da Psicologia americana, se destacou pela sua abordagem pragmática, e propôs as seguintes perguntas:

– Isto funciona?
– Onde isto funciona?
– Quando?
– Com quem?

Esse enfoque viria marcar fortemente os enquadramentos da PNL.

As ideias de Pavlov têm forte relação com os conceitos ligados à ancoragem, que no entanto têm diferenças importantes do reflexo condicionado, mas Bandler teve aí parte de sua inspiração.

O engenheiro, cientista, matemático e filósofo polonês Alfred Korzybski, através de sua clássica obra Science and Sanity (1933), fundou o campo da Semântica geral, se referiu pela primeira vez ao termo Neurolinguística e foi o primeiro a formular a premissa de que o mapa não é o território.

A isso se somou o trabalho de Noam Chomsky, que apresentou conceitos de Behaviorismo e da Teoria da Aprendizagem. George Miller contribuiu com seu trabalho "O mágico número 7 mais ou menos 2". E Karl Pribham e Eugene Galanter publicaram "A Estrutura do Comportamento" e estabeleceram as bases do processo de embasamento sensorial e do método TOTS, que estruturou a estratégia de modelagem da PNL.

Viktor Frankl, Carl Rogers, Abraham Maslow fizeram as primeiras experiências de modelagem de pessoas autorrealizadas e foram os principais componentes do movimento do Potencial Humano, que teve seu auge em torno de 1960. O Movimento do Potencial Humano teve também a contribuição de Rollo May, Roberto Assagioli e outros, fundamentando o pressuposto de que as pessoas têm todos os recursos que necessitam e que operam a partir de intenções positivas assim como a maior parte das outras pressuposições que se tornariam mais tarde a base teórica da PNL. Sua premissa principal é a crença do desenvolvimento de suas potencialidades, por meio do qual as pessoas podem experimentar uma qualidade excepcional de vida preenchida com felicidade e realização.

Esse movimento influenciou fortemente a terapeuta sistêmica Virgínia Satir, o dr. Fritz Perls, criador da Gestalt-Terapia, o hipnoterapeuta Milton Erickson e o antropólogo Gregory Bateson, que se tornariam os maiores inspiradores dos primeiros conceitos e técnicas da PNL.

Richard Bandler, que estudava matemática na Universidade da Califórnia, em Santa Cruz, em 1970. Ele era estudioso de computação, com a qual trabalhava, e passou a cursar Psicologia. Ele começou a trabalhar com

Gestalt junto com Frank Pucelik e se associou ao dr. John Grinder, professor assistente do departamento de Linguística da mesma Universidade da Califórnia, que se tornou cofundador da PNL. Grinder era dotado de grande capacidade para aprender línguas, adquirir sotaques e assimilar e codificar comportamentos, aprimorada na Força Especial do Exército Americano e em serviços na área de inteligência. O dr. Grinder interessava-se pela Psicologia, área que se alinha com a Linguística, cujo objetivo básico é revelar a gramática oculta do pensamento e ação.

No começo, nas noites de terça-feira, Richard Bandler conduzia, junto com Frank Pucelik, um grupo de Gestalt-Terapia formado por estudantes e membros da comunidade local. Ele usava como modelo o seu fundador, o psiquiatra alemão Fritz Perls. Para imitá-lo, Bandler chegou a deixar crescer a barba, fumar um cigarro atrás do outro e falar Inglês com sotaque alemão. Nas noites de quinta-feira, Grinder conduzia outro grupo usando os modelos verbais e não verbais do dr. Perls, que vira e ouvira Bandler usar na terça. Sistematicamente eles começaram a omitir o que achavam ser comportamentos irrelevantes, como o sotaque alemão e o hábito de fumar, até descobrirem a essência das técnicas de Fritz Perls – e o que o fazia ser diferente de outros terapeutas menos eficazes. Iniciava-se, assim, a Modelagem da Excelência Humana.

Encorajados por seus sucessos, eles passaram a estudar uma das grandes fundadoras da terapia de família, Virginia Satir. Que ao lado de Fritz Perls criou a Gestalt Therapy a partir do aprendizado de que as pessoas faziam parte de um sistema maior, constituído pela família e o contexto que é perpetuado através de diversas gerações, e que muitos problemas antes considerados apenas individuais vêm do sistema em si.

Continuando suas pesquisas, passaram a estudar pessoas que sofriam de fobias, e observaram que elas pensavam no objeto de seu medo como se estivessem passando por aquela experiência naquele exato momento. Quando estudaram pessoas que já haviam se livrado de fobias, eles perceberam que todas elas pensavam nesta experiência de medo como se a tivessem vendo acontecer com outra pessoa, como se observassem a situação à distância. Com essa descoberta simples, mas profunda, Bandler e Grinder passaram a ensinar sistematicamente pessoas fóbicas a experimentarem seus medos como se estivessem observando suas fobias acontecerem com uma outra pessoa à distância. As sensações fóbicas desapareciam rapidamente. Uma descoberta fundamental da PNL havia sido feita: como as pessoas pensam a respeito de uma coisa faz uma diferença enorme na maneira como elas irão vivenciá-la.

Na busca da essência da mudança, Bandler e Grinder aprenderam a questionar o que mudar primeiro, o que era mais importante mudar e por onde seria mais importante começar. Suas habilidades e crescente reputação lhes deram acesso a alguns dos maiores especialistas do mundo, pessoas que eram exemplos de excelência humana em suas áreas de atuação.

Dentre elas inclui-se o dr. Milton H. Erickson, médico e psicólogo, fundador da Sociedade Americana de Hipnose Clínica e reconhecido como o mais notável hipnotizador do mundo, cujos padrões de linguagem hipnótica e técnicas tornaram-se uma das principais bases da PNL.

Erickson teve poliomielite aos 18 anos, que o deixou paralítico. Distraía-se observando atentamente os comportamentos, conscientes e inconscientes, de seus familiares e amigos ao reagirem uns aos outros. Ali aprendeu a construir comentários que provocariam respostas imediatas ou posteriores nas pessoas a sua volta, o tempo todo aprimorando a sua capacidade de observação e de linguagem.

Suas experiências e provações pessoais anteriores proporcionaram que ele desenvolvesse uma capacidade singular quanto à sensível e sutil influência da linguagem e do comportamento. O dr. Erickson frequentemente era chamado de "curandeiro ferido", visto que muitos colegas seus achavam que seus sofrimentos pessoais eram responsáveis por ele ter se tornado um terapeuta habilidoso.

Bandler e Grinder chegaram à casa do dr. Erickson, em Phoenix, no Arizona, Estados Unidos, onde tinha seu consultório, para aplicar suas técnicas de modelagem, recentemente desenvolvidas, no trabalho do talentoso hipnotizador. A combinação das legendárias técnicas de hipnotização do dr. Erickson e as técnicas de modelagem de Bandler e Grinder forneceram a base para uma explosão de novas técnicas terapêuticas. O trabalho deles junto com o dr. Erickson confirmou que haviam encontrado uma forma de compreender e reproduzir a excelência humana.

O antropólogo, filósofo, inovador e pensador de sistemas Gregory Bateson contribuiu com a PNL com sua visão a respeito do pensamento sistêmico, metaníveis, modelo *framing* e *reframing* (reenquadramento).

Bandler reuniu suas constatações originais na sua tese de mestrado, publicada mais tarde como o primeiro volume do livro "A Estrutura da Magia".

Nessa época, as turmas da faculdade e os grupos noturnos conduzidos por Grinder e Bandler estavam ganhando notoriedade. Essa nova abordagem de comunicação e mudança começou a se espalhar por todo o país, atraindo um número crescente de alunos ansiosos por aprenderem essa nova tecnologia de mudança. Nos anos seguintes, vários deles tornaram-se grandes nomes da PNL e contribuíram substancialmente para seu desenvolvimento.

Dentre estes destacam-se nomes como Leslie Cameron-Bandler, Judith DeLozier, Robert Dilts, David Gordon, Steve Andreas e Connirae Andreas.

A PNL evoluiu consideravelmente desde seu início. Hoje, ela está em sua terceira geração de desenvolvedores e treinadores.

A 1ª Geração da PNL foi originalmente o modelo desenvolvido por Bandler e Grinder, auxiliados por Frank Pucelik, a partir do estudo e modelagem de terapeutas tão brilhantes e eficazes como Milton Erickson (hipnose), Gregory Bateson (Escola de Palo Alto), Virginia Satir (Terapia Sistêmica) e Fritz Perls (Gestalt). Centrava-se fundamentalmente no indivíduo e como ele pensa e processa informações. Tinha como pressuposto uma relação terapêutica um a um. Essas primeiras aplicações pressupunham uma relação terapêutica em que o terapeuta sabia o que era o melhor para seu cliente e isso fez com que suas aplicações parecessem ser manipuladoras em contextos não terapêuticos. Muitos instrumentos e técnicas da 1ª Geração eram focados em resolver problemas nos níveis de comportamentos e capacidades.

A 2ª Geração da PNL começa a aparecer do meio para o final da década de 80. Nesse tempo, a PNL foi expandindo-se para abraçar outras questões dentro do contexto terapêutico, começando a enfatizar as relações entre as pessoas e incluir áreas como negociação, vendas, educação e saúde. Conceitos e técnicas basilares da PNL relacionados com crenças, valores, "metaprogramas", linha do tempo, submodalidades e posições perceptivas também surgiram nesta geração, que enfatiza a mente somática.

A **3ª Geração da PNL** vem se desenvolvendo desde a década de 90. Suas aplicações são focadas em questões mais elevadas e amplas como Identidade, Visão, Missão e sistemas mais amplos. As duas primeiras gerações estudavam a Mente Cognitiva e Somática. A 3ª geração enfatiza a mudança sistêmica como um todo, trabalhando com a interação entre três "mentes": a cognitiva, que surge do cérebro; somática, centrada no corpo, já abordadas nas duas primeiras gerações.

A **3ª Geração** traz agora a mente do "Campo", desenvolvido por Rupert Sheldrake, incorporando os princípios de auto-organização, os arquétipos e uma perspectiva de todo o sistema - que é conhecida como "a quarta posição". Essa abordagem pode ser aplicada tanto no desenvolvimento individual quanto no desenvolvimento de equipes, organizacional e cultural e enfatiza a ecologia.

Entre os estudantes famosos da PNL está Bert Hellinger, o criador das Constelações Sistêmicas, que embasaram parte de sua teoria no trabalho de Virgínia Satir e da PNL e da Hipnose Ericksoniana e utiliza o conceito de Campo.

O dr. Michael Hall trouxe grandes contribuições à PNL. Doutor em Psicologia Cognitivo-comportamental, conviveu com os criadores da PNL e a estudou profundamente desde as suas origens e sua pré-história, desenvolveu uma nova abordagem chamada Neurossemântica, e coordena um trabalho com uma comunidade que atua em 65 países, através de um grande sistema de treinamentos. É autor de cerca de 70 livros sobre esses temas.

Robert Dilts, que já atua desde a 1ª geração da PNL, tem sido um dos principais criadores de conteúdo da 3ª geração da PNL, afirmando que a sabedoria necessária para mudança já está no sistema e pode ser descoberta e libertada pela criação de um contexto adequado. Robert Dilts e Judith DeLozier já falam sobre a possibilidade de, além deles, outros pesquisadores aparecerem dando continuidade às pesquisas da PNL Sistêmica e trazendo à tona as próximas gerações da PNL.

Todas as gerações focam na estrutura e funcionamento da mente, sendo este o cerne da PNL, a possibilidade da "programação" ou "reprogramação" dos mecanismos "neurais", por meio da "linguagem", em todas as suas nuances, com o objetivo de produzir padrões de excelência.

Essa é a grande magia dessa tecnologia. A PNL é, em sua essência, um dos mais poderosos instrumentos para alcance de objetivos, autoentendimento e formação e afirmação de identidades, individuais ou coletivas, comunicação e geração de mudanças e pode conduzi-lo ao "como" você se tornar quem você deseja, de uma maneira mais assertiva, eficaz e eficiente e se tornar senhor do seu destino, ter a vida que você sonha.

Referências bibliográficas:

O'CONNOR, J. **Manual de Programação Neurolinguística – PNL.** Editora Quality Mark

ANDREAS, S.; FAULKNER, C. **PNL - A Nova Tecnologia do Sucesso. Equipe de Treinamento da NLP Comprehensive.** Editora Campus.

O'CONNOR, J. **PNL e PNL Sistêmica – A PNL de 3ª Geração.**
(Fonte http://www.pahc.com.br/o-que-e-pnl/)

O'CONNOR, J.; SEYMOUR, J. **Introdução à PNL.** Editora Qualitymark.

HALL, M. **Apostila A Psicologia do AGP**, do Treinamento Internacional de PNL e Neurossemântica.

2

Marlise Beatriz Felinberti

Pilares e pressupostos da PNL

É com entusiasmo que participo desta obra, pois a Programação Neurolinguística (PNL) hoje é fundamental no meu trabalho como terapeuta, e através dela trilhei junto com colegas que se tornaram amigos uma linda caminhada. Aliando às ferramentas terapêuticas que já utilizava o *practitioner*, com seus instrumentos abordados em sua maioria neste livro, o AGP e o Master, expandiram-se as possibilidades tanto nos atendimentos individuais como em grupo. Os pilares e pressupostos são parte essencial desse processo.

Alguns pilares da PNL

✓ **Comunicação eficaz:** saber construir relações consigo e com os outros.

✓ ***Rapport***: o estado de confiança e sintonia criado através do respeito e da atitude de se colocar no lugar do outro, tornando a comunicação mais produtiva.

✓ **Acuidade sensorial e *feedback***: com os sentidos temos a percepção do universo físico e emocional. E o que percebemos interna ou externamente nos mostra se estamos no caminho certo.

✓ **Foco no resultado:** definir claramente aonde se quer chegar e seguir estratégias alinhadas com a meta.

✓ **Flexibilidade mental e comportamental:** ser flexível para mudanças significa ter mais opções de estratégias e maiores possibilidades de sucesso.

✓ **Ecologia,** na PNL, é ter consciência de que somos um sistema onde tudo e todos estão conectados. É levar em conta que nossas ações afetam as demais partes, em nós mesmos, em uma organização familiar ou empresarial, seja na sociedade ou na comunidade humana.

É olhar para fora de nós para averiguar e prevenir que o resultado, imediato ou futuro, direto ou indireto, de nossas ações, não afete negativamente outras pessoas envolvidas. É sentir que todas as partes estão de acordo. É ter a sensação positiva a respeito das próprias ações e resultados. É quando minha meta repercute positivamente em todas as áreas de minha vida, é quando minha ação está congruente com meus valores, e respeita os valores dos demais.

✓ **VOCÊ é a razão de existir da PNL:** o estado emocional e a habilidade em usar recursos determinarão o sucesso de suas ações. Esse sucesso depende da congruência entre o que você acredita, almeja, pensa, fala e faz.

Pressupostos

São princípios básicos que orientam o *practitioner* para uma forma respeitosa, ética e eficiente de usar a PNL consigo e com outras pessoas. Não uma verdade única, mas o praticante ético os assume como verdadeiros. Pense numa situação desconfortável e veja-a com o filtro dos pressupostos e perceberá que isto alterará o grau de desconforto, na medida em que altera o significado.

1. Mapa não é território

Sabemos que o desenho de uma flor, por melhor que seja, não é a flor em si, e que a bandeira ou mapa que representa um país também não é o país. Da mesma forma temos desenhado em nossa mente uma ideia da realidade e fatos, não a realidade e os fatos em si.

Cada indivíduo tem uma interpretação da realidade, um significado que ele mesmo dá. E o que conta para ele é esse significado, que influencia e até determina suas emoções e atitudes.

Todo mapa é imperfeito e geralmente criado de forma inconsciente.

De acordo com o que nossos sentidos filtram do ambiente e a forma como são registradas as informações é que criamos nossa própria ilusão a respeito dos outros, do mundo e de nós mesmos. A maneira como eu interpreto um evento pode ser bem diferente da maneira como meu colega interpreta o mesmo evento.

Compreender isso evita discussões e julgamentos precipitados, sem levar em conta todas as informações relevantes. Quem já não ouviu o ditado que diz: "Antes de julgar, experimente calçar os sapatos do outro"?

Saber que cada ser humano tem um modelo diferente de mundo e conhecer melhor o mapa do outro amplia a possibilidade de *rapport*, é fundamental para uma comunicação eficaz.

Com habilidade, podemos alterar o mapa, e a experiência muda, e podemos salvar vidas.

2. Nossas experiências possuem estrutura

Uma estrutura, com estratégias, dá uma linha de raciocínio ou de ações, que leva a um resultado. É uma chave de acesso a um estado ou experiência. Um caminho padronizado que leva de um ponto a outro.

Quando o cérebro aprende uma estratégia ela pode se tornar automática e até involuntária. Quando se quer mudar algo, podemos nos perguntar: "Qual é o processo que está gerando isto deste jeito? O quê e como, internamente, vejo, ouço, ou sinto isso?" Quando mudamos esse processo, mudamos o resultado. O mesmo caminho levará ao mesmo lugar.

Respirar de forma lenta e levar mais ar para o baixo ventre é uma estratégia para relaxar a mente e o corpo. O que você deseja ter ou sentir exige certa estratégia, qual é?

3. As pessoas já possuem os recursos internos que necessitam

Nossos registros inconscientes guardam todas as nossas experiências vividas. Dali brotam os recursos, os potenciais, para criarmos o que queremos, ainda que estes recursos às vezes precisem ser aprimorados.

A disponibilidade dos recursos depende basicamente do estado emocional no momento, e este estado depende de crenças, mapas e estratégias. Significa que uma pessoa num estado de autoconfiança e serenidade tem acesso a mais recursos do que teria num estado limitante.

4. As pessoas fazem a melhor escolha possível a elas no momento

Para a PNL todo comportamento é determinado por um conjunto de fatores, principalmente psicológicos. Já vimos que cada indivíduo funciona de acordo com seu próprio mapa de mundo, suas estratégias e seus recursos disponíveis.

Cada pessoa se comporta e reage da melhor forma que lhe é possível no momento, dentro do seu limitado mapa de possibilidades. Volto a citar: "Antes de julgar, experimente calçar os sapatos do outro". Como seria você com as experiências e os condicionamentos do outro?

Uma pessoa acuada tende a tomar uma decisão impensada da qual se arrepende em seguida. Mas, quando está equilibrada e cheia de recursos, tem mais e melhores opções de escolha.

5. Todo comportamento tem uma intenção positiva

Os mapas não são perfeitos, assim como nossas estratégias. Por isso quando as ações são destrutivas entendemos que o problema está na estratégia usada para conseguir algo de positivo a alguém. Até mesmo um bandido tem, conforme seu ponto de vista, uma intenção positiva, pois dentro do seu mapa limitado ele está buscando algum tipo de ganho.

Comportamento deve ser separado da intenção, e esta nem sempre é consciente. Identificando a intenção positiva por trás da ação, pode-se encontrar uma forma mais saudável de satisfazê-la.

Vemos diariamente pessoas se autossabotarem. Por exemplo: Carlos tem prova para um concurso e planeja passar a tarde estudando, mas resolve ir ao cinema.

Sua intenção positiva em descontrair e sentir mais bem-estar poderia ser atendida de outras formas, achando o ponto de equilíbrio entre o estudo e o lazer.

6. A identidade é separada do comportamento

A intenção e o comportamento não são a mesma coisa. A pessoa também é diferente do seu comportamento.

Geralmente uma pessoa é rotulada segundo suas ações ou seu jeito. Mas ninguém é o que faz e nenhuma ação é permanente. Por exemplo: Marilu quando fala de si mesma diz: 'Eu sou ansiosa' e Rosa diz: 'Eu sou insegura' e Juca diz: 'Eu sou explosivo'. Mas eles não são isso, eles têm momentos de ansiedade, insegurança e explosão. Se perguntarmos a eles em que circunstância têm os comportamentos limitantes eles perceberão que são momentos e não algo contínuo. Se pedir a eles que me citem exemplos do cotidiano em que se sentem como descrevem eles os encontrarão.

Cabe a eles a consciência de não se rotularem negativamente, nem a outras pessoas.

7. Não existem erros, apenas resultados e aprendizados

O *practitioner* observa, aprende com o resultado e se aperfeiçoa. É o resultado que confirma se estamos ou não usando a estratégia ideal.

Aquilo que você faz, ainda que queira fazer diferente, é uma estratégia que seu cérebro aprendeu e segue executando. Portanto não há erro, ela funciona da forma como é executada. E funciona tão bem que muitas pessoas convivem uma vida inteira com algum comportamento indesejado. Isso porque geralmente não têm consciência das estratégias usadas, ou porque não sabem como modificá-las. E podemos dar *feedbacks* voltados para o que pode ser corrigido, a tempo de ser corrigido.

Nosso crescimento está em aprendermos novas e melhores estratégias.

Esse pressuposto também nos lembra que somos todos aprendizes, e saber disso torna-nos mais tolerantes e flexíveis conosco e com o outro.

8. Se o que está fazendo não está funcionando, faça diferente

Um dos segredos do sucesso é a flexibilidade. Vimos que os resultados são um *feedback* de nossas estratégias. Quando sei qual é a estratégia mental e comportamental que levou a tal resultado, posso ajustá-la até alcançar o que quero. Para ter um bolo diferente é preciso mudar a receita.

Ampliando nosso mapa e conhecendo como funcionamos internamente, teremos mais recursos à nossa disposição e maior flexibilidade nas estratégias e ações.

Uma mente flexível lida melhor com mudanças e tem maior poder de escolha e de atuação nas mais diversas áreas.

9. Se uma pessoa pode fazer algo, outra pessoa pode aprender a fazê-lo também

Este pressuposto é sobre modelagem, que significa aprender uma estratégia que deu certo para obter o mesmo resultado.

A PNL teve seu início justamente modelando gênios. E descobriu que copiando a estratégia usada por quem já sabe fazer muito bem (estratégia de excelência) podemos obter o mesmo resultado. É como dizer que usando a mesma chave podemos abrir as mesmas portas.

Isso não significa imitar alguém no seu todo, mas somente na questão que nos interessa. Modelando ações, a estratégia mental e fisiológica.

Se você quer ter sucesso em determinada profissão, você passa a observar alguém que admira pelo sucesso nessa área, sua postura profissional, o que e como fala do trabalho, como se dirige aos colaboradores, suas crenças sobre o trabalho, dinheiro e pessoas, como organiza o tempo, como mantém o entusiasmo e a motivação.

Você quer ter sucesso? Então faça de conta que você já tem o que quer. Respire como uma pessoa de sucesso. Vista-se, ande, atenda ao telefone como ela. Pense como ela. O tipo de diálogo interno que ocorre agora na sua mente é o de uma pessoa de sucesso? Sua postura está congruente com o sucesso que deseja?

10. Corpo e mente formam um único sistema e ambos atuam um no outro

A mente influencia no corpo e o corpo influencia a mente. A fisiologia revela o estado mental e emocional. Ao mudarmos o pensamento, o estado emocional muda, e a fisiologia se ajusta.

Mas também o corpo atua na mente e nas emoções. Assim, ao mudarmos a fisiologia, estamos mudando também o estado interno. Saber disso é fundamental para sairmos de um estado limitante e assumirmos um estado de poder.

Rita quando está melancólica costuma sentar com os ombros caídos, braços cruzados e cabisbaixa. Mas quando se levanta, ergue a cabeça e os olhos e joga os ombros para trás imediatamente se sente melhor. É por isso que ao se modelar uma estratégia de excelência modelamos até mesmo a respiração.

11. É impossível não se comunicar

Estamos sempre comunicando algo, mesmo quando não temos consciência disso. Nossa principal forma de comunicação não é verbal, mas fisiológica, através do tom de voz, expressão facial, olhar, jeito de andar...

Quando se fala uma coisa, mas a postura diz outra, é esta que ficará registrada diretamente ao subconsciente. Mesmo quando palavra e fisiologia estão de acordo, o interlocutor pode em pouco tempo esquecer-se das palavras que ouviu, lembrando somente da mensagem corporal.

A fisiologia diz mais sobre nós do que nossas palavras. O *practitioner* habilidoso age de modo congruente com o que diz, e por isso sua comunicação é mais poderosa.

12. O significado da comunicação é a reação que se obtém

A reação à comunicação dada é o *feedback* para sabermos se ela está sendo eficaz.

A mensagem dada é a mensagem recebida? Numa comunicação, o *practitioner* é o responsável pelo resultado, por isso deve considerar:

- a forma como transmite a mensagem. Se é clara e congruente.
- o mapa mental e o estado emocional do interlocutor no momento.

O *practitioner* conhece melhor seus recursos de comunicação para compreender e se fazer compreender, por isso cabe a ele se certificar de que todos estejam entendendo a mesma coisa.

13. Todo comportamento é útil em algum contexto

Um comportamento pode ser inadequado em certo momento, ambiente ou situação. Mas há um propósito nele e pode ser encaixado em algum contexto.

Ter compulsão por limpeza pode ser inadequado em certos ambientes, porém é bastante útil para algumas funções profissionais. Passar os dias estudando e jogando xadrez é inútil para emagrecer, mas útil para desenvolver o raciocínio.

14. Para compreender, aja

É com a prática e a repetição que desenvolvemos a habilidade e a competência. Ser *practitioner* é ser praticante. Isso exige alguns recursos como dedicação, foco, autodisciplina, constância e comprometimento.

A felicidade e a competência são de nossa inteira responsabilidade. Somos responsáveis pela vida que criamos. Quem tem incorporados em si esses princípios reconhece que toda pessoa é dotada de grandes potenciais; sabe naturalmente respeitar a individualidade de cada ser humano; tem maior facilidade em comunicação e relacionamentos; assume maior responsabilidade pelos eventos de sua própria vida.

Referências bibliográficas:

O'CONNOR, J. **Manual de Programação Neurolinguística** – PNL. Ed. Qualitymark.

ROBBINS, A. **Poder sem Limites**. São Paulo: Editora Record.

SABBI, D. J. **Sinto, logo existo – Inteligência Emocional e Autoestima**. Porto Alegre: Ed. Alcance,1999.

ROMA, A. **PNL para Professores**. São Paulo: Ed. Leader, 2014.

Apostila do Curso Practitioner do Instituto Sabbi - Sociedade Brasileira de Desenvolvimento do Potencial Humano

3

Beatriz Pizzato

Como funcionam o cérebro e a mente

Primeiramente agradeço ao dr. Deroní Sabbi, coordenador desta obra, com o qual fiz o Practitioner e o Master em PNL, na Sociedade Brasileira de Desenvolvimento do Potencial Humano, que apreciei muito, e pela orientação passo a passo na pesquisa e na construção deste capítulo.

O cérebro humano é considerado a organização mais complexa da matéria no universo conhecido. É o órgão que possibilita a base fisiológica para a manifestação da mente e consciência, além de ser responsável por regular e manter as funções do corpo, coordenando o funcionamento geral da unidade psicossomática que nos possibilita a existência.

O ser humano é um ser biopsicossocial-espiritual que detém em seu poder uma ferramenta maravilhosa que determina seu modo de viver, a mente, que se manifesta em níveis conscientes e inconscientes. A mente é uma manifestação das atividades celulares exercidas por cerca de 100 bilhões de neurônios e acredita-se que é a unidade básica da comunicação no cérebro.

A mente se manifesta em dois níveis: consciente e inconsciente. O dr. Deroní Sabbi prefere chamá-la de **subconsciente**, porque acredita que os processos que compõem nossa existência não são inconscientes, mas autoconscientes, embora abaixo do limiar da consciência.

O cérebro recebe continuamente informações dos cinco sentidos: a visão, audição, tato, olfato e gustação. A esses sentidos podemos agregar a propriocepção, que se refere ao sentido do equilíbrio, posição, orientação e movimento do corpo. O cérebro analisa rapidamente essas informações sensoriais e responde de maneira imediata, controlando, assim, as ações e funções do corpo e da mente.

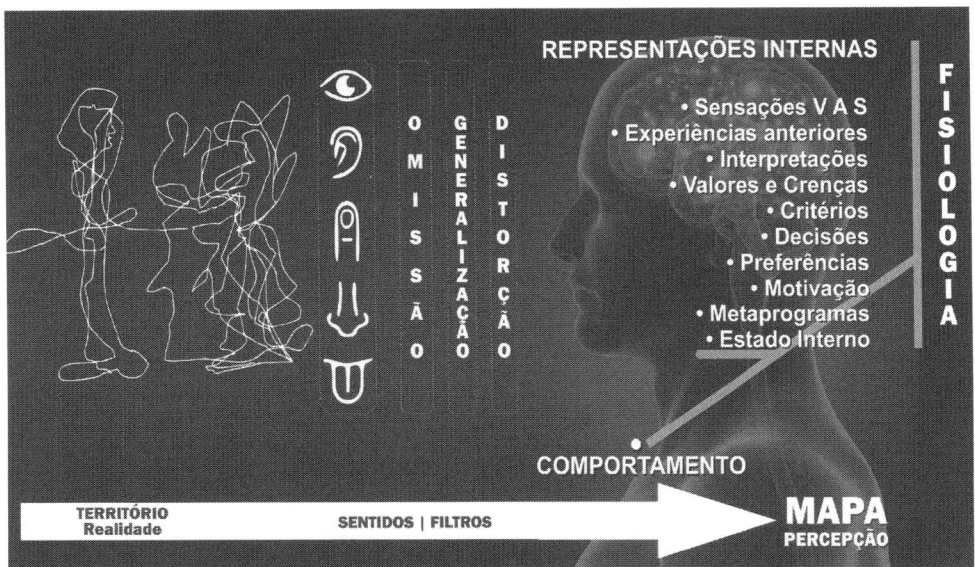

Como a mente processa as informações

O modelo de percepção e processamento da PNL descreve o registro da coleta e representação dos dados através de cinco sistemas sensoriais, embora tenhamos outros, a maioria internos, os quais influenciam o comportamento e a competência inconsciente. O sistema sensorial é como uma antena de rádio que capta ondas disponíveis *hertzianas* no ar em circuito sintonizado como infinitos arranjos, filtrando e distribuindo parte da matéria captada às categorias proveitosas ou não de acordo com a fisiologia. Convertida em unidades visuais (V), auditivas (A), cinestésicas (C ou K), olfativas (O) e gustativas (G), sendo os três últimos agrupados.

A informação passa por vários FILTROS e forma um mapa de referência do mundo que nos rodeia, que sabemos que é diferente da realidade tal como é. Ao interagir com alguém, distorcemos, omitimos e generalizamos as informações, em algum nível. Vamos examinar esses filtros, que são universais, por existirem em diversas culturas:

Generalização - Ao recebermos uma informação, temos a tendência de generalizá-la conforme as referências que temos, que incluem outros contextos, crenças, linguagem, decisões, valores, memórias e metaprogramas. A generalização parece verdade incontestável para quem a faz. Expressões como "tudo, nada, sempre, nunca, todos, ninguém" evidenciam a atuação desse filtro.

Omissão – É quando deixamos de perceber boa parte da informação, e formamos uma percepção incompleta da realidade. Esse filtro escolhe quais os elementos da experiência a que dará mais atenção, selecionando assim as informações que julga mais importantes, porque a mente consciente só consegue manter-se consciente de cerca de cinco a nove informações ao mesmo tempo. Omitimos informações, pessoas, situações ou detalhes que de alguma forma não é confortável serem lembrados ou levados em conta, ou não fazem parte do nosso modelo de mundo. Podemos omitir pessoas, situações ou detalhes. O que é omitido da parte da informação recebida modifica o que uma pessoa disse ou fez para o ouvinte, que percebe algo diferente, podendo gerar mal-entendidos.

Distorção - É o filtro que nos permite fazer mudanças na nossa base sensorial ou em sua interpretação. Recepcionamos a informação na totalidade, mas só levamos para a nossa "base de dados" aquelas que estão de acordo com o modelo de mundo que temos em mente ou que são mais relevantes.

Esses filtros podem ser úteis ou nocivos. São úteis quando nos ajudam a criar, a planejar, a prever os resultados de uma experiência. E nocivos quando nos afastam da realidade e nos levam a formatar um modelo de mundo baseado em falsas premissas, ou a tomar fantasias por realidades objetivas, empobrecendo o nosso mapa de mundo ou criando zonas de decisão perigosas.

No capítulo do metamodelo você poderá encontrar perguntas estratégicas que permitem minimizar e conscientizar o efeito nocivo da omissão, generalização e distorção, possibilitando que a pessoa perceba a diferença entre o mapa e o território.

Essas informações chegam ao cérebro e dependendo do canal que as capta alojam-se em áreas diferentes, após passar pelos filtros universais, e processadas por interpretações, sentimentos, pensamentos, recordações, sonhos, valores, crenças, decisões, memórias e metaprogramas formam o mapa, o modelo que a pessoa tem do mundo e constroem, junto com a fisiologia, os estados internos.

Mente consciente e subconsciente

Uma qualidade única da mente consciente é que ela pode rapidamente julgar o que é certo e o que é errado, com base nos valores do indivíduo, algo que o subconsciente não faz. O consciente decide, em algum nível, quais informações devem ser mantidas no cérebro e quais não devem.

No entanto, abaixo da parte visível do *iceberg* está a maior parte: a mente inconsciente, ou subconsciente, cujo conteúdo pode ser comparado metaforicamente a um disco rígido de um computador programado desde o nascimento, contém todas as nossas memórias, hábitos, crenças, características e autoimagens, e controla as funções autônomas corporais, sobre as quais não temos que pensar conscientemente, tal como manter nosso coração batendo.

A mente subconsciente nunca dorme, ao contrário da mente consciente, que se desliga quando estamos dormindo. Alguns cientistas dizem que a mente consciente processa a informação em 400 *bits* por segundo, ao passo que a mente inconsciente processa 40 milhões de *bits* por segundo, mostrando-se um milhão de vezes mais complexa do que a mente consciente. A mente consciente é responsável pelo raciocínio lógico, porém, sua capacidade de análise é limitada. Executa análise inteligente com base no conhecimento que percebe validado pelos sentidos e pelo bom senso.

Muitos afirmam que seres humanos usam menos de 10% do cérebro e utilizam apenas este percentual das reservas cerebrais para: pensar, movimentar-se, escolher, planejar, sentir, ouvir, provar, tocar, chorar, sorrir etc., pois são atividades conscientes que necessitam apenas deste percentual de espaço. Então podemos nos perguntar o que os 90% restantes fazem? A maior parte do cérebro, silenciosa e subconsciente, está constantemente armazenando informações e mantendo-as como um sistema operacional eficiente. Também é importante ressaltar que a mente subconsciente exerce uma forte influência nos sentimentos e no comportamento, além de administrar a grande maioria das conexões com os sentidos, já que ela é o mais primitivo de todos. É aquela que armazena todas as experiências da espécie em seus milhões de anos de existência, cujos padrões de ação são determinados por situações com as quais a mente milenar se deparou. Processa o som e a imagem das palavras, a entonação das frases; responde pelos sentimentos de prazer e de dor e foca a zona de conforto longe dos desprazeres da vida. Possui uma linguagem analógica, estruturada em padrões comparativos, sendo essencialmente metafórica. Está relacionada com as habilidades do ser humano de lidar com a realidade concreta sendo altamente especializada em tudo o que se relaciona ao contexto. Ter controle absoluto sobre a nossa mente subconsciente e inconsciente nos permite alcançar o sucesso.

Hemisférios cerebrais

O nosso cérebro pensante – neocórtex – é formado por duas metades de aparência semelhante, também denominadas de hemisférios cerebrais. Hemisfério Direito e Hemisfério Esquerdo, cada um com funções distintas do outro, contudo, conectados entre si pelo corpo caloso, um feixe de filamentos nervosos de cerca de 200 a 250 milhões de fibras nervosas. Ele tem como uma das principais funções a comunicação entre os dois hemisférios, transmitindo a memória e o aprendizado.

O sistema nervoso humano está conectado com o cérebro mediante comunicação cruzada. De acordo com esse critério, o hemisfério esquerdo controla o lado direito do corpo, e o hemisfério direito controla o lado esquerdo.

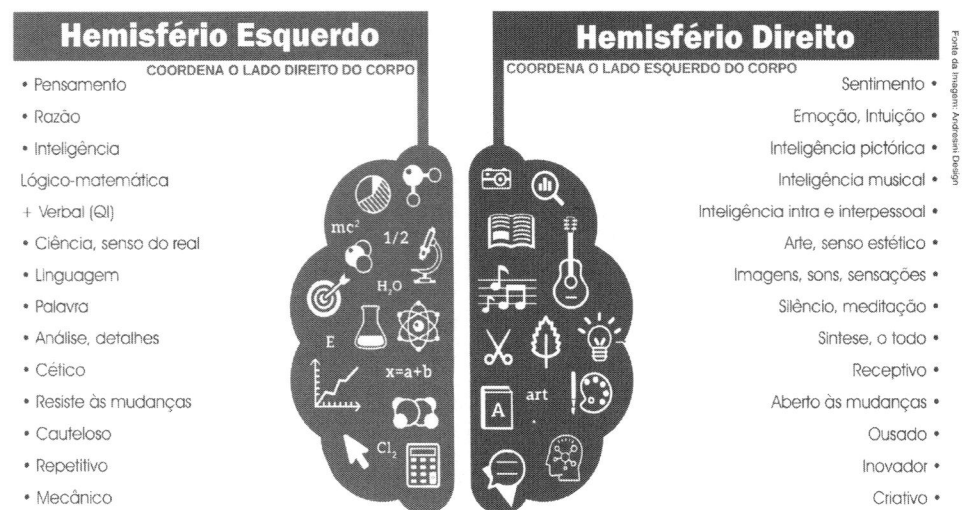

O Hemisfério Esquerdo controla a mente consciente, mente lógica ou racional, é dominante em 98% dos humanos, responsável pelo pensamento lógico e pela competência comunicativa, coordena as funções do processamento das palavras, do raciocínio, da lógica, é analítico, detalhista. Usado em atividades repetitivas e mecânicas por indivíduos mais céticos e conservadores.

O Hemisfério Direito controla a mente inconsciente, subconsciente ou intuitiva. Responsável pelo pensamento simbólico e pela criatividade. As descobertas mais significativas da ciência de modo geral deram-se em estado de uso predominante deste hemisfério cerebral. Seu foco é a comunicação não intelectual, como a concepção e interpretação artística e a intuição que nos traz as respostas mais rápidas. Acessado em estado de relaxamento, introspecção e meditação, suscita o caráter empreendedor e criativo, a luz interior e o silenciamento do diálogo interno.

Os neurocientistas da Nasa, nos Estados Unidos, desenvolveram um exercício, chamado Chart ou Aeróbica Cerebral, para melhorar a concentração, a memória e o desempenho dos astronautas, aumentando assim a conexão entre os neurônios ao integrar os hemisférios cerebrais. Esse exercício, que conheci no Practitioner em PNL é excelente para prevenir doenças como Parkinson e Alzheimer, e pode ser baixado no site www.

sabbi.com.br. Quanto mais idade mais benefício, pois ativa áreas adormecidas do cérebro, reativando a memória, a concentração, o desempenho e a flexibilidade. Ativa e alinha os canais de processamento de informações, quebra o estado de aprendizagem passiva para aprendizagem ativa.

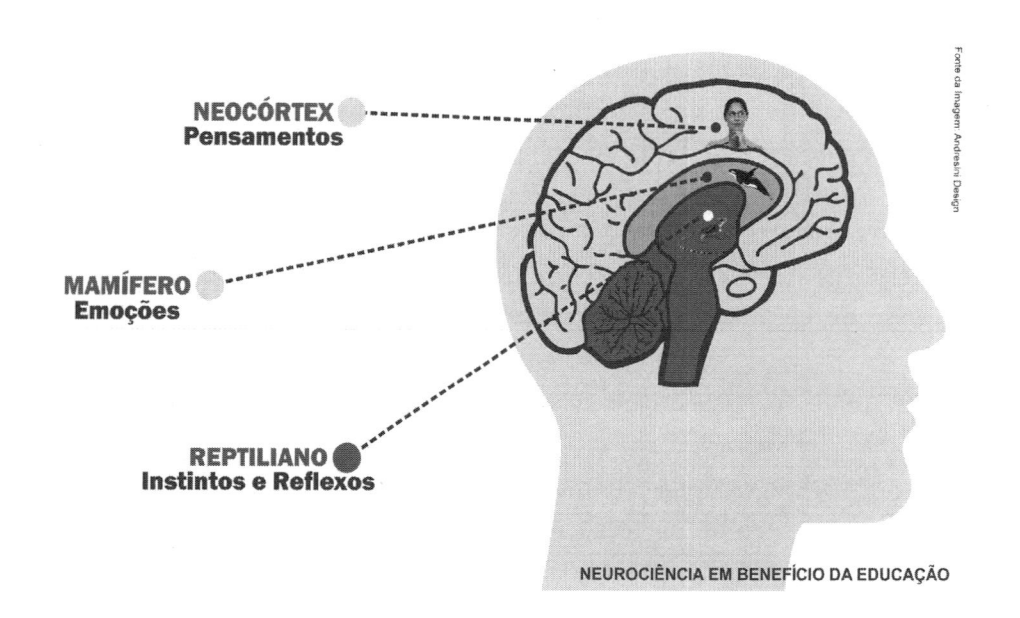

NEOCÓRTEX
Pensamentos

MAMÍFERO
Emoções

REPTILIANO
Instintos e Reflexos

NEUROCIÊNCIA EM BENEFÍCIO DA EDUCAÇÃO

CÉREBRO TRINO - A visão de Paul MacLean

Uma abordagem que se soma à visão da PNL e nos ajuda a compreender melhor o funcionamento do cérebro e de suas funções é a Teoria do Cérebro Trino. Elaborada em 1970 pelo neurocientista Paul MacLean, discute o fato de que nós, humanos/primatas, temos o cérebro dividido em três unidades funcionais diferentes. Cada uma dessas unidades representa um extrato evolutivo do sistema nervoso dos vertebrados. E, segundo essa visão, o cérebro humano está composto pelos segmentos funcionais: reptiliano, límbico e neocórtex.

O cérebro reptiliano é formado pela medula espinhal e pelas porções basais do prosencéfalo. Esse primeiro nível de organização cerebral é capaz de promover somente reflexos simples, como nos répteis, de onde provém o nome. Seu comportamento é automático e dificilmente alterado e, entre os três segmentos cerebrais, é o mais antigo. Sua função é realizar e manter as funções autônomas do corpo, incluindo a digestão e a respiração, a fim de que o corpo sobreviva; o tronco cerebral, por sua vez, controla as respostas ao estresse, ou seja, as respostas de luta ou fuga. Muitas das reações automáticas e intempestivas a uma circunstância qualquer do presente, desproporcionais a essa situação, estão vinculadas a experiências do passado, não compreendidas ou não elaboradas, e, portanto, não integradas à psique de cada um de nós. Quando menos esperamos, nos tomam de assalto e suprimem nossas possibilidades de entendimento, escolha e decisão. Essas reações têm seu fundamento em nossa biografia. O sistema límbico, ou mamífero, é o segundo estrato funcional do sistema nervoso, responde pelo comportamento emocional dos indivíduos (de onde deriva o nome de cérebro emocional) uma vez que sedia sentimentos e emoções, sejam positivos ou negativos. Dessa forma, contribui ou orienta ações e reações e controla as respostas de "luta ou fuga", que constituem o estresse.

O neocórtex, também chamado racional, é a parte mais consciente do cérebro, que cuida da parte social da nossa vida, das memórias e capacidades críticas, nos diferencia dos demais animais. É como uma central de controle dos instintos primitivos e das emoções. Cuida da parte social da nossa vida, das memórias e das capacidades críticas. É como uma central de controle dos instintos primitivos e das emoções. Está dividido em lobos: o lobo frontal é responsável pelas funções executivas. O parietal, pelas sensações em geral.

O temporal, pela audição e pelo olfato. O occipital, pela visão. E o lobo insular, pelo paladar e gustação. O neocórtex possibilita que o ser humano consiga desenvolver o pensamento abstrato e tem capacidade de gerar invenções, assim como de projetar e tomar decisões. É responsável pela linguagem, pela fala e pela escrita, pelo pensamento lógico e organizado, pensamento abstrato e invenções.

Referências bibliográficas:

ROBBINS, A. **O Poder sem Limites**. São Paulo: Best Seller, 1987.

LUCKI, C. C. **O cérebro trino, os estados emocionais e o fluxo da vida**. Texto, novembro 2015.

Anatalino, J. À procura **da melhor resposta**. São Paulo: Biblioteca 24 horas.

Apostila, **Practitioner em PNL**: Formação internacional em programação Neurolinguística. Instituto SABBI & Sociedade Brasileira de Desenvolvimento do Potencial Humano.

SABBI, D. **Sinto, logo existo** - Inteligência Emocional e Autoestima. Porto Alegre, Instituto Sabbi: Editora Alcance, 2000.

O'Connor, J.; Seymour, J. **Introdução à Programação Neurolinguística**. São Paulo: Summus Editorial, 1990.

4

Deroní Sabbi

Libertando sua Mente com PNL

Acuidade perceptiva, leitura da mente e julgamento

Aprender a transcender o hábito de julgar é uma das habilidades mais importantes para os *practitioners*, *coachs* e gestores. Não sabemos o que é a realidade absoluta ou se ela existe de fato. Não sabemos o que é, sabemos como ela parece para nós, e muitos a tomam como se a realidade fosse. Mas sabemos que não é. A palavra não é a coisa, mas uma representação dela. Isso torna claro que não nos cabe julgar ninguém, ou ter a pretensão de que sabemos qual a intenção das pessoas, ou o que elas sentem ou pensam, e muito menos quem elas são, a não ser pelas evidências que apresentam, em suas palavras e seu comportamento como podemos observá-lo e interpretá-lo. Ocorre, no entanto, que desde a observação das coisas que vemos, ouvimos, cheiramos, degustamos ou sentimos até a interpretação que fazemos omitimos muitas informações, generalizamos a respeito de outras e distorcemos tantas outras.

Os dados percebidos pelos sentidos passam instantaneamente pelas nossas crenças, conceitos prévios que temos, preferências, critérios, valores, metaprogramas, além de sofrerem a influência do estado em que estamos quando tomamos contato com elas. Isso faz com que dez pessoas que assistam a um mesmo fato ou participem de uma mesma experiência possam ter percepções e enfoques muito diferentes a respeito dela. Todos utilizamos filtros e acabamos por construir cada um nossa própria perspectiva das coisas, nosso mapa, diferente da realidade como ela é. Isso me lembra uma história que ouvi quando estive estudando por quase seis meses na Índia, em 1989. Conta-se que na primeira vez em que um elefante foi visto na Índia o povo o levou para cinco sábios, que eram cegos. Cada um deles tocou o elefante em uma parte e o descreveu de forma diferente dos outros. Discutiram por algum tempo tentando chegar à conclusão do que era um elefante. Depois de algum tempo disseram que não sabiam o que era, mas certamente ele seria a soma das percepções de todos eles. Quando desenvolvemos a capacidade de descrever uma coisa como nossos sentidos a percebem, sem achar nem pressupor nada, vamos construir Informações de Alta Qualidade, IAQ. Por exemplo: *"João está com os olhos arregalados, as pupilas dilatadas, piscando muito, seus maxilares estão tensos e seu corpo treme"*. Ao descrever algo dessa maneira procuramos exatamente o que pode ser captado sem qualquer inferência, pressuposição ou conclusão por parte do observador. Sem os "achismos" que muitos utilizam até mesmo sem perceber, mas que acreditam ser parte da realidade.

Alucinação ou Leitura de Mente (LM)

A maioria das pessoas tem a pretensão de saber o que há "por trás" das informações sensorialmente captadas e em vez de descrevê-las acaba por apresentar o que interpreta daquilo. Por exemplo: "Ele está tremendo de raiva, está com medo do que vão dizer". Ao fazer isso, dizemos na PNL que o sujeito está alucinando, ou fazendo uma leitura mental (LM) dos fatos, dando o seu próprio colorido à situação, e portanto distorcendo-os. Com as IAQ é possível trabalhar e fazer algo de útil com isto, mas com as Leituras de Mente nada se pode fazer, porque elas não são reais e só representam como o observador constrói sua própria perspectiva a partir das omissões, generalizações e distorções que comete.

Bandler e Grinder assinalaram que um dos maiores erros da comunicação é comunicar-se com base em Leituras de Mente, pressuposições, ou como costumavam chamar: alucinações. Por isso, para se desenvolver a acuidade perceptiva é preciso evitar fazer Leitura de Mente (LM), pois corremos sério risco de tirar conclusões erradas, e muitas vezes a primeira impressão é apenas uma construção distorcida, cheia de generalizações, omissões, distorções e crenças nossas. Aprendemos na PNL a fazer observações usando palavras que descrevam informações baseadas em nossos sentidos.

Também devemos tomar o cuidado para não cair na Leitura de Mente da pessoa que estamos observando. Podemos ouvir o que ela diz, mas devemos separar IAQs das LMs. É importante também observar as informações não verbais, os *movimentos oculares* e as *pistas mínimas* da fisiologia, que incluam posturas, gestos, mímicas, movimentos corporais, respiração, tons da pele etc...

Veja outros exemplos no capítulo destinado a *feedback*.

Ao enfocar um comportamento que queremos auxiliar uma pessoa a mudar, perguntamos: "O que você vê? O que diz pra si mesmo? O que ouve? O que sente?" Buscando dados relacionados a cada um dos sentidos, ao invés de pressupor ou atribuir a ela emoções ou intenções que não temos como saber se é o que está acontecendo ou se é projeção de nossas interpretações e crenças no comportamento do outro.

Quando estudarmos a empatia e o *rapport* veremos que ao vestirmos a pele do outro, calçar seus sapatos implica também vestir suas limitações, crenças, valores, critérios, emoções, circunstâncias e condicionamentos. Uma das habilidades para um bom *practitioner, coach* ou um bom líder é aprender a ver e descrever as coisas, abrindo mão de seus julgamentos.

Em alguns de tantos cursos que fiz, no primeiro dia criou-se uma série de situações e encenações que estimulava as pessoas a fazer julgamentos e tirar conclusões apressadas, e só alguns dias depois colher as interpretações e julgamentos das pessoas, mostrando-lhes o quanto se equivocam nas suas primeiras impressões e como é perigoso dar muito valor à **primeira impressão**. Verificamos, com a experiência, que ao observar pelo menos três ou quatro momentos de uma pessoa percebemos que o primeiro momento em que tomamos contato com ela pode ser apenas um momento sem recursos, e que ao observar repetidas situações percebemos que a realidade é diferente do que percebemos num primeiro momento.

Ao chegar para um curso de formação em PNL é importante que o aluno deixe de lado temporariamente suas referências pessoais, técnicas que conhece, didática como a conhece, pois um curso de PNL utiliza muitas técnicas e abordagens que só vai poder avaliar realmente após juntar muitas peças de um grande quebra-cabeças que vai sendo montado no decorrer de diversos dias em que se vai plantando sementes para um conhecimento em níveis conscientes e inconscientes. E muitas vezes o aluno chega com uma porção de pressuposições que terá de desconstruir ao fazer o caminho proposto pela PNL, onde experimentará muitos instrumentos que lhe mostrarão muitas perspectivas diferentes. Bandler e Grinder diziam que ampliar a habilidade de perceber mais através dos sentidos, a acuidade sensorial, é uma tarefa para toda a vida.

Exercício - Descrições baseadas no sensorial

Assinale as frases que contiverem alguma forma de "leitura mental" com a letra "A" para significar alucinação.

Assinale a "percepção sensorial" com a letra "P".

( ) O ritmo de sua fala acelerou-se.
( ) Ele estava ansioso.
( ) Eu o conheço há tanto tempo. Sei qual a intenção dele.
( ) Seu rosto enrubesceu e ele ficou envergonhado.
( ) Seu rosto estava transtornado enquanto pulava de alegria.
( ) Ele baixou o olhar num sinal de reprovação.
( ) Ele escondia suas mãos nos bolsos do paletó.
( ) Seu suspiro demonstrou impaciência.
( ) É possível perceber a alegria em seus gestos.
( ) Seus lábios entreabriram-se mostrando seus alvos dentes.
( ) Suas pupilas estão dilatadas.
( ) Eu sei o que ele sente.
( ) Suas mãos tremiam enquanto falava nervosamente.

(   ) O ciúme não deixou que ele falasse.
(   ) Sua pele estava bronzeada e seu cabelo clareou.
(   ) Seu olhar transmitia um brilho intenso. Ela estava feliz.

Calibração

Processos e comportamentos externos correspondem a comportamentos internos bem definidos, já que o corpo, a mente e as emoções atuam uns sobre os outros. Em nosso cotidiano é muito comum observarmos as expressões, a voz, o movimento e forma de caminhar de uma pessoa com quem convivemos. E com algum tempo de convivência podemos até intuir o que está acontecendo, se brigou com o marido, se está chateada com o filho, se dormiu bem etc.

Calibração é o nome que damos a este método de observação de sinais externos para detectar processos ou estados internos. É preciso entender que calibração não é leitura mental, nem intuição, nem alucinação, e sim o resultado da observação direta de cada pessoa especificamente ao longo de um tempo. Há um ditado popular que diz que a pressuposição é a mãe da confusão, pois muitas distorções acompanham a maior parte das pressuposições. Alguns sinais externos são universais. Algumas expressões denotam medo, raiva, alegria, asco, repugnância, decepção, tristeza. Reconhecê-las é diferente de calibrar. O que deve ser calibrado é o que não é universal.

Não devemos achar, concluir, deduzir, interpretar, mas calibrar sempre, confiando nas informações de alta qualidade.

Exercícios para desenvolver a acuidade perceptiva/calibração

1. Sombra - Siga uma pessoa por três a cinco minutos e procure fazer exatamente os mesmos movimentos, gestos, da forma mais detalhada possível.

2. O sujeito fica em frente a um observador. O observador fecha os olhos por um instante e o sujeito faz pequenas alterações nos gestos e expressões cada vez mais sutis e o outro diz o que ela alterou.

3. O sujeito, com os olhos fechados, fica em frente de três pessoas.

Essas batem palma uma vez cada uma dizendo o nome. Depois batem palma sempre no mesmo espaço e alterando a ordem enquanto o sujeito procura identificar quem foi o autor das palmas.

4. O guia seleciona diversos perfumes diferentes e os expõe ao sujeito que está com os olhos fechados para que os identifique, dizendo o nome de cada um. Depois os expõe e pede para identificá-los.

5. Peça ao sujeito que feche os olhos e concentre-se em apenas um instrumento de cada vez numa orquestra, ou apenas uma voz num coral.

6. Ouça diversos áudios gravados por uma pessoa em dias diferentes e perceba as diferenças sutis na qualidade da voz.

7. Procure identificar as emoções associadas a diferentes qualidades da voz. O sujeito pode simular diferentes tipos de emoção para que os outros a identifiquem.

8. Ande pela cidade e ao passar pelas pessoas procure guardar na memória por mais tempo possível as suas expressões e detalhes de suas roupas.

9. Faça certas perguntas e observe os sinais e comportamentos que vêm junto com a resposta. Observe-a em outros momentos quando mostra os mesmos sinais e comportamentos. Certamente estará no mesmo estado interno relacionado com a resposta.

10. Ouça o relato de uma pessoa sobre determinada situação e perceba o tom de voz, os gestos, a postura, os movimentos. Quando os mesmos sinais se repetirem provavelmente estará no mesmo estado interno relacionado à situação.

11. Ouça uma pessoa relatando um problema e observe seus sinais corporais. Então trabalhe o problema encaminhando para uma mudança de estado interno. Depois fale do problema novamente e verifique se a pessoa mudou o comportamento não verbal à medida que mudou a representação externa do problema.

12. Focalize toda sua atenção ao que percebe no ambiente. Fique atento às mudanças externas mínimas apresentadas pelas pessoas com quem conversa, tanto verbais como não verbais, procurando eliminar de sua men-

te todas as leituras mentais ou pressuposições. Observe principalmente:
- ritmo e posição da respiração;
- cor e tonalidade da pele;
- pulsação;
- tamanho dos lábios, poros, pupilas e movimento dos olhos;
- tom, velocidade, ritmo, pausas e musicalidade da voz;
- pequenos gestos e movimentos;
- inclinação da cabeça;
- perfume, hálito.

13. Escolha três experiências que viveu, uma agradável, uma desagradável e uma neutra, sem dar nenhuma dica a respeito delas. Observe as reações não verbais e calibre-as. Depois o sujeito pensa nas mesmas experiências numa ordem diferente que o observador não conheça. O observador tenta identificá-las.

14. Calibre o movimento dos olhos do parceiro. Você aprendeu sobre os diferentes movimentos dos olhos, porém sabe que são generalizações dos movimentos realizados por 80% das pessoas destras. Mas é preciso lembrar que há os ambidestros e os canhotos. Então é preciso estar atento a cada caso. Circule entre as pessoas e faça perguntas dos diversos canais, note as diferenças dos movimentos das diversas pessoas.

15. Caminhe por uma hora num parque ensolarado onde haja pessoas e grupos de diversas idades, com seus animais de estimação. Ande por entre elas e observe como se comportam e perceba a diversidade dos comportamentos e como estes impactam sobre si. Ao retornar ao local do curso descreva o que viu e compare com o que seus colegas descrevem e qual o sentido que cada um dá à experiência, o quanto exerceram a empatia e se existem sinais de julgamento em sua linguagem. Nos dias seguintes faça novas descrições bem detalhadas e perceba as diferenças em termos de submodalidades (veja no capítulo 10), conteúdo e reações e percepções que os colegas tiveram. A cada novo conteúdo, relacione como percebeu as nuances da vida das pessoas ali presentes com sua lembrança.

Referências bibliográficas:

Referências bibliográficas:

ANATALINO, J. **À procura da melhor resposta.** São Paulo: Biblioteca 24 horas.

Instituto SABBI & Sociedade Brasileira de Desenvolvimento do Potencial Humano. Practitioner em PNL: Formação internacional em programação Neurolinguística.

LUCKI, C. C. O cérebro trino, os estados emocionais e o fluxo da vida. Texto, novembro 2015. (Apostila).

O'CONNOR, J.; SEYMOUR, J. **Introdução à Programação Neurolinguística.** São Paulo: Summus Editorial, 1990.

PACHECO, G. Curso Practitioner do Instituto Potencial de PNL. (Apostila).

ROBBINS, A. **O Poder sem Limites.** São Paulo: Best Seller, 1987.

SABBI, D. **Sinto, logo existo - Inteligência Emocional e Autoestima.** Porto Alegre, Instituto Sabbi: Editora Alcance, 2000.

5

Deroní Sabbi

As quatro linguagens do cérebro

Quando pensamos, representamos a informação para nós mesmos, internamente. A Programação Neurolinguística (**PNL**) denomina esta representação de ***Sistemas Representacionais (SR)***. Nossos sentidos são nossa primeira referência ao fazer contato com a realidade externa. Cada um deles tem um centro de processamento diferente em nosso cérebro. Há um sentido lógico para as palavras, mas aqui vamos ficar atentos para através de qual sentido percebemos e representamos a realidade. É através deles que primeiramente percebemos a realidade. As palavras **processuais ou predicados** utilizadas pelas pessoas para se referir a determinadas experiências podem ser reveladoras dos processos pelos quais elas estão percebendo o mundo. Numa festa, uma pessoa visual diria "que festa linda". Um auditivo talvez se referisse à música que ouvia na festa. Um cinestésico poderia dizer que havia um clima agradável e uns petiscos deliciosos. Algumas palavras são inespecíficas, embora processuais. Outro poderia se referir à festa com uma expressão neutra.

A linguagem que usamos dá pistas para a nossa maneira de pensar. As palavras sensoriais são conhecidas como predicados, em PNL. Usar palavras do sistema representacional principal do aluno ou cliente é uma maneira eficiente de construir *rapport*, apresentando a informação do jeito que ele normalmente usa para se expressar, sem fazer esforço para uma tradução interna mais próxima da sua própria maneira de pensar.

Experienciamos o mundo, colhemos e juntamos informações usando nossos cinco sentidos:

Visual, Auditivo, Cinestésico, Olfativo e Gustativo

Os quais usamos o tempo todo, mas tendemos a usar alguns mais do que outros. Por exemplo, muitas pessoas usam o sistema auditivo para conversar consigo mesmas, esta é uma maneira de pensar.

São quatro formas de processamento e de comunicação.

O sistema *visual* é usado para nossas imagens internas, visualização, "sonhar acordado" e imaginação.

O *auditivo* é usado para ouvir música internamente, falar consigo mesmo e reouvir as vozes de outras pessoas.

O *cinestésico* inclui diversos elementos.

Elaborei um acróstico que uso em meus cursos para facilitar lembrá-los:

G – Gustativo
O – Olfativo
S – Sensações
T – Tato e temperatura
E – Emoções
-
S – Sentimento
E – Equilíbrio

E temos também o *inespecífico*, que muitos chamam de *digital*.

Dizemos que temos sistemas representacionais preferenciais, pois preferimos usar mais uns que outros, mesmo inconscientemente. Com uma preferência visual você pode ter interesse em leitura, desenho, decoração, moda, artes visuais, TV e filmes.

Com uma preferência auditiva você pode ter interesse em línguas, escrita, música, treinamentos e discursos.

Com a preferência cinestésica você pode ter interesse em esportes, dança, perfumes, degustação, conforto, sentir frio, calor, emocionar-se, equilibrar-se, movimentar-se.

O sistema representacional que usamos é perceptível através da nossa linguagem corporal. Ele se manifesta em nossa p*ostura,* no padrão respiratório, no tom de voz, nos movimentos oculares.

Para superar a relatividade atribuída a muitos testes, na formação em PNL realizamos diversos e fazemos uma média, tornando o resultado mais confiável.

Exercício de linguagem - VAC

Lembre-se de diferenciar o sentido lógico do sentido de processamento.

Indique a que Sistemas Representacionais (**Visual (V), Auditivo (A), Cinestésico (C) ou Inespecífico (I)**) se referem as seguintes frases:

( ) Ele teve uma ideia brilhante.
( ) Ele me fez uma pergunta interessante.
( ) Agora eu decidi mudar.
( ) Elas estão satisfeitas.
( ) Ele deu ouvidos a ela e fechou o negócio.
( ) Ela optou pelo plano.
( ) Reconheço aquela fórmula.
( ) Deu só um *flash* do assunto.
( ) Sabe que foi um bom negócio!
( ) Eu quero que você comente este assunto.
( ) Esta realmente mexeu comigo!
( ) Agora eles estão anunciando o resultado!
( ) Ele não dá importância a aparências.
( ) Houve uma festa estrondosa.
( ) Os resultados são concretos.
( ) Você vai achar fácil.
( ) Pense numa alternativa criativa.
( ) É uma lembrança muito agradável.
( ) Esta é uma nova perspectiva.
( ) Você terá um futuro excitante!
( ) Agora tudo ficou claro.

Linguagem sensorial

Palavras Processuais V A C

Você pode determinar que parte da experiência você ou outra pessoa está vivenciando, através das palavras utilizadas, e assim saber em qual canal de comunicação está operando naquele momento. Exemplos:

VISUAL	AUDITIVO	CINESTÉSICO	INESPECÍFICO
à luz de	afirmar	agradável	acreditar
a olho nu	agudo	amargo	atender
ângulo	alarme	apertado	dar
apagar	amplificar	ativo	atenção a
aparência	anunciar	cansaço	apreciar
aspecto	barulho	choque	aprender
brilho	boato	cócegas	aprendizagem
claro	cantar	concreto	associar
cor	chamar	controle	aumentar
delinear	clic	emocional	comunicação
deu um branco	comentário	esforço	conhecer
enxergar	conversa	exagerado	consideração
espiar	fiada	fácil	decidir
evidência	cochicho	firme	entender
fazer uma cena	declarar	fresco	entregar
flash	descrever	frio/quente	escolher
foco	dialogar	gostoso	estudar
gráfico	discurso	ímpeto	falso
horizonte	discutir	irritado	favorecer
ilusão	dizer	machucado	igualar
ilustrar	estrondoso	mexer	informar
imagem	explicar	odor	lembrar
leitura	fofoca	pânico	localizar
fotográfica	grave	pesado	mudar
míope	gritar	pressa	oferecer
obscurecer	harmonia	pressão	optar
observar	mudo	resistente	organizar
perspectiva	opinar	salgado	pensar
pintar	perguntar	sensação	perceber
ponto de vista	proclamar	sensível	preparar
prever	pronuncia	sentir	raciocinar
quadro	queixa	sofrer	realizar
revelar	quieto	sólido	receber
show	reclamar	stress	reconhecer
sombrio	ronronar	suave	saber
tela	rumores	suportável	solucionar
tem a ver	silencioso	tenso	tentar
visão	som		vender

A maneira de detectar qual Sistema Representacional (SR) uma pessoa usa conscientemente é escutar sua linguagem, as frases que gera e perceber os predicados que adota. Na linguagem, os predicados são verbos, advérbios e adjetivos que, na maioria dos casos, pressupõem um SR. O mais usado por um indivíduo chama-se "Sistema Representacional Primário". A seguir, uma lista de alguns exemplos de predicados e o SR ao qual pertencem.

Exercícios sugeridos

Para realmente assimilar e se familiarizar com as palavras de cada sistema representacional, e desenvolver habilidades de utilizá-las, é necessário uma certa prática, para a qual sugerimos alguns exercícios. O que parece difícil a princípio vai se tornar natural à medida que praticar.

1. Com a lista de palavras de cada canal em mãos, experimente ter dois minutos de conversa com seu colega procurando usar apenas palavras visuais, mais dois minutos utilizando apenas palavras auditivas, mais dois minutos utilizando apenas palavras inespecíficas. Comente com seu colega em quais se sentiu mais confortável e em qual fluiu mais.

2. Escreva um texto de cerca de 100 palavras, utilizando o mais possível apenas predicados visuais, depois auditivos, cinestésicos e inespecíficos. Depois comente com seu colega em qual canal teve mais facilidade e mais dificuldade.

3. Encontre no Youtube a música "Tarde em Itapuã", de Vinícius e Toquinho. Identifique as palavras processuais presentes na letra e perceba que a maior parte das frases apela para um canal diferente. Coloque sobre a palavra ou frase as iniciais dos sentidos V, A, C, O, G.

4. Observe uma pessoa falando por três minutos e anote cada vez que usa cada um dos predicados. Ao fazer em grupo, no final compare suas marcações com as das outras pessoas. Faça esse exercício diversas vezes durante a semana. Aos poucos comece a observar as pessoas no seu cotidiano e vá expandindo a percepção de como cada um utiliza preferencialmente mais alguns canais que outros.

5. Criar frases utilizando os canais de representação, usando as sequências indicadas:

Exemplo: (A e C) – Ouça o que eu estou lhe dizendo: este é um fardo duro de aguentar. Faça o mesmo com as combinações abaixo:

C e V – A e V – V e C – C e A – A e C – V e A - AVC – ACV – CVA – CAV

Pistas oculares de acesso

"Neurofisiologicamente é impossível pensar da forma a que estamos acostumados sem movimentar a cabeça e os olhos". Mark E. Furman

Parte de nossa fisiologia – os olhos – pode, isoladamente, através de seus movimentos, evidenciar o canal que estamos preferencialmente utilizando a cada instante.

As seis pistas oculares de acesso são as posições pelas quais os olhos se movimentam quando não estão em busca de objetos visíveis e sim efetuando uma procura interna. Por essas pistas podemos identificar o **Sistema Líder** de uma pessoa num determinado momento.

Pesquisas em diversos países mostram que este é o movimento de cerca de 80% dos destros.

É preciso lembrar que existem também os canhotos e ambidestros. Por isso é importante calibrar-se em cada caso.

Exercício - Movimento provável dos olhos

Um sujeito senta-se em frente de três pessoas e estas fazem perguntas. Sem desviar o olhar elas vão anotando que movimento dos olhos o sujeito faz enquanto responde. Devem ter em mente que não há movimento certo ou errado e que se está procurando apenas descobrir o padrão de cada um.

EXERCÍCIO - MOVIMENTO PROVÁVEL DOS OLHOS
MOVIMENTO DE 80% DOS DESTROS

VC - Visual Construído
AC - Auditivo Construído
C - Cinestésico
VL - Visual Lembrado
AL - Auditivo Lembrado
AI - Auditivo Interno

VL - Visual Lembrado
Ver imagens de coisas já vistas da maneira que foram vistas.

Qual a cor dos olhos de sua mãe?

Quantas janelas há em sua casa?

Qual a primeira coisa que você vê quando acorda pela manhã?

Você se lembra como estava vestido ontem?

Qual a cor do piso do seu banheiro?

Como era a sua primeira professora?

Como é sua escova de dentes?

Descreva um arco-íris.

VC - Visual Construído
Ver imagens de coisas imaginadas, criadas, nunca vistas.

Imagine como seria se tivesse três olhos? E cabelos dourados?

Como seria se você tivesse três metros de altura? E pele de outra cor?

Imagine-se viajando acima das nuvens.

Imagine-se pintado de palhaço.

Imagine-se careca.

Imagine maçãs em uma bananeira.

Faça o projeto da casa em que você gostaria de morar.

AL - Auditivo Lembrado
Lembrar sons já ouvidos antes.

Qual foi a última coisa que eu disse?

Como é o alarme do seu despertador/celular?

Qual foi a primeira coisa que você ouviu hoje?

Quais as primeiras palavras que você disse hoje?

Como é o som do mar?

Ouça mentalmente a música que você mais gosta.

Lembre o timbre da voz de uma pessoa querida...

AC - Auditivo Construído
Ouvir palavras nunca ouvidas desta maneira antes.

Pôr sons e palavras juntas numa nova forma.

Como seria se sua voz fosse bem mais grave?

Ouça o Hino Nacional cantado pelo Pato Donald.

Como seria a voz do seu pai com uma valsa como música de fundo?

Se você fosse criar uma música nova agora, como ela seria?

Invente uma música dentro da sua cabeça.

Ouça o canto mágico do Uirapuru.

Ouça o canto das sereias.

DI - Diálogo Interno
Falar consigo mesmo.

O que você precisa para se feliz agora?

O que é a coisa mais importante para si agora?

Você está mesmo conseguindo o que quer em sua vida?

Ouça vozes de dentro da sua cabeça conversarem entre si.

O que você diria a si mesmo se sua vida terminasse agora?

C - Cinestésico

Gustação, olfato, sentimentos, tato, emoções, sensações, movimento, temperatura.

Qual é a sensação de ser feliz?

Lembre-se do seu perfume preferido.

Como você se sente quando alguém diz que gosta muito de você?

Como você se sente quando é provocado?

Você se lembra de ter ficado tenso?

Sinta o cheiro da comida que mais gosta.

Sinta uma brisa gostosa num dia de calor.

Como você se sente logo que acorda pela manhã?

Na medida em que você prosseguir a leitura verificará que essas informações têm uma importância muito maior do que parece, pois definem uma boa parte do funcionamento do nosso cérebro e se relacionam com todo o processo de mudança, estão presentes na Boa Formulação de Objetivos, no processo de modelagem e no processo de mudança como um todo.

Estilos de processamento cerebral, aplicados a clientes e aprendizagem

Existem, segundo estudos de PNL, quatro estilos de processamento e aprendizagem diferentes. Isso se aplica aos nossos relacionamentos e em vendas. Agora vamos enfocar os estilos de aprendizagem.

São os estudantes visuais, auditivos e cinestésicos. A maioria das pessoas trabalha melhor com um estilo de aprendizagem, mas poderá descobrir esses padrões em outras áreas. Isso faz com que seja importante abordar todos os estilos de aprendizagem com todos os estudantes, focando mais no estilo no qual eles se adaptam melhor.

Aluno visual

Alunos visuais aprendem através da visão, de leitura de texto, imagens, gráficos, diagramas etc. Para um aluno visual, você deve fornecer material de leitura, usar a linguagem corporal ao ensinar, e instruí-lo sobre como tomar notas. Use instruções escritas, ao invés de orais, e mantenha os ruídos de fundo reduzidos. Lembre-se de que eles memorizam usando pistas visuais, portanto podem preferir escrever algo mesmo em tarefas orais. Alunos visuais tendem a recordar melhor as informações se eles as lerem silenciosamente para si mesmos antes de lerem em voz alta ou discutirem. Forneça um resumo geral do material que será abrangido numa discussão ou leitura. Usar mapas conceituais também ajuda a criar conexões sobre o material. Clientes também se motivam e compram levando em conta seus processamentos.

Aluno auditivo

Auditivos irão se beneficiar lendo um texto em voz alta, ouvindo uma história gravada em áudio, ou participando de uma discussão. Considere usar histórias *online* com áudio gravado, *audiobooks*, ou fazer um revezamento nas leituras em voz alta, utilize música instrumental tocando ao fundo enquanto estudam. Recomenda-se usar o dedo ou algo para apontar durante a leitura, a fim de evitar pular linhas. Ele se beneficia repetindo as instruções recebidas, realizando avaliações orais, e usando associação de palavras para relembrar um conteúdo.

Aluno cinestésico

Eles aprendem movendo, tocando e fazendo. Considere aulas de campo, experimentos de laboratório, e usar técnicas de memorização que envolvam gestos. Eles precisam trabalhar em curtos períodos de tempo e fazer pausas frequentes enquanto estiverem estudando. Eles tendem a precisar de espaço para ler ou escrever, como deitar no chão ou na cama, ao invés de se sentar em uma mesa. Tendem a preferir livros que tragam orientações de ações/tarefas. Permita o uso de modelos, projetos, ou demonstrações, ao invés do tradicional relatório escrito.

Descobrir o seu estilo de aprendizagem, do seu filho ou aluno irá beneficiar não só ele, mas também você, o pai ou mãe que educa em casa. Ter esse conhecimento irá te ajudar a determinar qual estilo de aprendizagem se enquadra melhor e como incorporar esse estilo no currículo do seu aluno. Saber como seu filho aprende irá promover nele confiança e uma vida de amor ao aprendizado.

Referências bibliográficas:

ANDREAS, S.; FAULKNER, C. **PNL - A Nova Tecnologia do Sucesso.** Equipe de Treinamento da NLP Comprehensive. Editora Campus.

BANDLER, R.; GRINDER, J. **A estrutura da magia.** Rio de Janeiro: Editora Guanabara, 1977.

DILTS, R. **Crenças**. São Paulo: Summus Editorial.

HALL, L. M., Ph.D. **Meta-PNL – Treinamento Intensivo da PNL.** Washington DC: Biblioteca do Congresso, 2001. Revisão 2006.

Manual de Programação Neurolinguística PNL. Editora Qualitymark.

O'CONNOR, J.; SEYMOUR, J. **Introdução à Programação Neurolinguística.** São Paulo: Summus Editorial, 1990.

PACHECO, G. Curso Practitioner do Instituto Potencial de PNL. (Apostila).

PÉRCIA, A.; SITA, M. **Manual Completo de PNL.** São Paulo: Editora Ser Mais, 2012.

ROBBINS, A. **O Poder sem Limites.** São Paulo: Best Seller, 1987.

6

Ednilson Moura

Rapport e empatia

> *"Comunicação é a mais básica e vital de todas as necessidades, depois da sobrevivência física."* **Lair Ribeiro**

Somos animais sociáveis e nossa habilidade de nos comunicarmos e entendermos os estados emocionais uns dos outros é a peça-chave para mantermos nossas relações.

Para comunicar-se bem, antes do uso da palavra você precisa formar uma estrutura que dê mais poder à sua comunicação. Algumas pesquisas neurolinguísticas afirmam que apenas 7% da nossa comunicação é feita através das palavras, 38% é como se fala e os outros 55% referem-se à nossa expressão corporal.

Quando você se comunica com alguém, todo o seu corpo fala. Observe seus gestos durante uma conversa. Perceba também o seu tom de voz, sua postura, seus sentimentos. Esses são fatores que vão muito além das palavras.

Para a comunicação ser eficiente é preciso ajustar o seu tom de voz com o da outra pessoa, alinhar a sua postura corporal com a do seu interlocutor, perceber os gestos, entender o contexto, todos esses elementos estão integrados à mensagem que é transmitida.

Através da comunicação fazemos contato com o mundo exterior, nos aproximamos das pessoas e geramos relações. Pode-se dizer que todas as coisas vêm através das pessoas, daí a importância das relações interpessoais.

O *rapport* encontra-se no núcleo da PNL como um ingrediente primordial, que conduz para uma comunicação bem-sucedida entre dois indivíduos ou grupo de pessoas.

O *rapport* é a chave que abre a porta de entrada para você obter uma boa comunicação, ele é um pré-requisito essencial para uma comunicação eficaz. O *rapport* desfaz resistências e quando você realmente está conectado o seu poder de influência e persuasão atinge níveis elevados de sucesso.

Rapport é um conceito que remete à técnica de estabelecer uma relação harmônica com outra pessoa. É uma palavra de origem francesa para a qual não existe uma tradução literal para as línguas inglesa e portuguesa, entretanto, pode ser entendida como a capacidade de se conectar com outras pessoas e estabelecer confiança, harmonia, receptividade, respeito e cooperação nessa relação. O professor Deroní Sabbi, com quem fiz o Practitioner, o traduzia como Acompanhamento, Espelhamento, Ressonância Afetiva e Efeito Diapasão. Acompanhar a linguagem verbal e não verbal estimula a mente inconsciente de outra pessoa a identificar nosso comportamento como aceitável e agradável, fazendo que a pessoa fique mais aberta e receptiva e assim troque e receba informações com mais facilidade, estabelecendo um diálogo em que as opiniões são consideradas e os pontos de vista e valores são respeitados.

Nós já nascemos com estruturas, processos e conexões cerebrais que existem para que possamos nos conectar e expressar empatia e já manifestamos isso desde que somos bebês. Possuímos um sistema de neurônios-espelho que tem a função de reproduzir e espelhar no nosso próprio cérebro qualquer coisa que vemos no outro, que pode ser uma ação, um movimento ou uma emoção.

Os neurônios-espelho são as células encarregadas de nos fazer bocejar quando vemos outra pessoa bocejar, ou que faz com que nos peguemos imitando um gesto de alguém próximo a nós sem saber o porquê. Quando observamos alguém sentindo alegria ou dor, também sentimos a mesma sensação até certo ponto e essas reações são motivadas por reflexos condicionados.

Esses neurônios desempenham um papel fundamental relacionado à parte comportamental, do aprendizado por imitação e do comportamento de ajuda para com os demais.

Uma das principais técnicas de *rapport* é o espelhamento, porém ele precisa ser feito com discrição, elegância e sutileza. Ele é colocado em prática pela incorporação da linguagem corporal do seu interlocutor, como postura, gestos e tom de voz, mas deve-se tomar cuidado para não ser surpreendido como um mímico e causar uma péssima impressão.

Espelhar a postura de alguém serve para dizer à mente inconsciente da outra pessoa que você está com ela, no mundo dela. À medida que nos comunicamos, podemos notar que quando já existe um bom *rapport* entre as pessoas, assim que uma delas faz algum movimento físico, a outra normalmente produz o mesmo movimento, ou algum outro, mas com o mesmo sentido, ou seja, inconscientemente um acompanha o outro em qualquer tipo de mudança, ficando alinhados e em harmonia.

A base fundamental do *rapport* é o acompanhamento, ou seja, primeiro acompanhe para depois conduzir. Você já viu um casal dançando uma valsa? O *rapport* é como uma dança, primeiro você acompanha o seu par no ritmo dele e logo depois ele te acompanhará.

Quando realizamos o espelhamento, aos poucos vamos entrando no ritmo do interlocutor, sincronizando gestos involuntários, comportamentos naturais e quando percebemos estabelecemos algo em comum no nosso contato. Enquanto você acompanha, a mente inconsciente da outra pessoa está captando a mensagem de que pode confiar em você.

Veja alguns elementos que compõem o *rapport* e de que maneira podem ser espelhados:

Expressão facial – Verifique se a pessoa está animada, sorrindo ou com o rosto sério. Pode ser que o interlocutor tenha um jeito de se comunicar levantando as sobrancelhas, apertando os lábios, enrugando o nariz.

Movimento corporal – Quando iniciar uma conversa com alguém assuma a mesma posição física do outro, ou ao menos bem semelhante. Como essa pessoa está, sentada ou em pé? Caso esteja sentada, veja se ela está de pernas cruzadas ou descruzadas. Como está a posição das mãos e braços, abertos ou fechados? Escolha qualquer movimento do corpo dessa pessoa que seja constante e espelhe. Exemplo: se a pessoa estiver gesticulando muito com os braços, no momento em que você voltar a falar repita sutilmente os mesmos movimentos que ela fez ao se expressar.

Qualidade vocal – Sincronize a tonalidade da sua voz, o volume e o ritmo – fale devagar com alguém que fala devagar, animadamente com alguém que fala rápido, baixo com alguém que fala baixo, assim você irá desenvolver rapidamente um senso de harmonia.

Comunicação verbal (frases e palavras repetitivas) – Utilize as palavras que a outra pessoa usa e os termos preferidos dela. Preste atenção nas frases que o seu interlocutor está falando. Repita para ele, de forma levemente modificada, a sua última frase ou trechos ditos por ele e, em seguida, exponha o seu ponto de vista. Repetir trechos da fala da outra pessoa lhe dá a sensação de estar sendo ouvida.

Respiração – Ajuste sua respiração para o mesmo ritmo da respiração da outra pessoa. Como ela está respirando, profunda ou superficialmente? Acompanhar o ritmo respiratório de alguém é o processo de *rapport* mais profundo que existe. Nesse estágio o campo magnético de ambos acaba tendo a mesma frequência.

Você pode estar se perguntando como saberá se o espelhamento está dando certo. A resposta é simples, primeiro você acompanhou, reproduziu sutilmente os movimentos da pessoa, mas agora você mudará sua postura e, se ela acompanhar você, a conexão terá acontecido.

Talvez você se sinta meio desconfortável quando começar a fazer espelhamento consciente, mas com o tempo perceberá o quão natural isso vai se tornar e o quanto essa técnica vai te ajudar a criar conexão rapidamente com as pessoas.

Uma dica para quem teme ser descoberto enquanto pratica o *rapport* é o **espelhamento cruzado**, que consiste em acompanhar a respiração da outra pessoa utilizando algum movimento corporal, mas não a respiração em si. Isso é útil quando nosso companheiro está em estados limitantes e alterados, com raiva por exemplo, e ao não acompanhar a respiração diretamente nos protegemos e não entramos no mesmo estado. Podemos fazer isso em relação ao acompanhamento corporal, com um movimento diferente. Simples e fácil de fazer: se a pessoa está de braços cruzados, cruze as pernas ou as mãos. Se ela coçar o nariz, coce o braço ou a orelha. Acompanhe o ritmo respiratório de uma pessoa com batidas discretas de uma caneta ou movimentos do pé ou bata sutilmente com os dedos em uma das pernas.

Nunca espelhe um movimento imediatamente, sempre espere alguns segundos para acompanhar.

Quebra de *rapport*

Dr. Deroní Sabbi, no seu "Sinto logo existo", nos fala de algumas atitudes que dificultam a comunicação que quebram o *rapport*, ali descritas com mais detalhes, como a Incongruência, dar uma ordem, exigir, impor. Aconselhar, sugerir, sem que o outro esteja receptivo, negar a percepção do outro. Ridicularizar, desqualificar, fazer "chacota", ameaçar, dar lição de moral, pressupor, interpretar, analisar o que o outro está dizendo. Questionar, inquirir, desvalorizar a intensidade do que o outro está sentindo, mudar de assunto. E também tratar levianamente o problema ou fugir dele, criticar, rotular a pessoa, elogiar manipulativamente, perguntar e sair respondendo ou perguntar e interromper a resposta do outro, formular perguntas que induzem e uso de linguagem inacessível.

Dicas importantes para potencializar o *rapport*:

Dedicar intencionalmente os dois primeiros minutos de cada encontro a estabelecer *rapport*. A primeira impressão é decisiva para a sua imagem e você nunca terá uma segunda chance para causar uma primeira boa impressão.

Sorrir e dar um aperto de mão firme. Tratar o outro pelo nome.

Ser otimista, pois transmite confiança.

Enfatizar os pontos em comum: concorde 100% com aquele 1% com o qual você pode concordar, assim você estabelecerá uma abertura na relação.

Concordar mexendo a cabeça enquanto a pessoa fala.

Ter em mente que mais importante do que falar é saber ouvir.

Tratar o outro não do modo que você gostaria de ser tratado, mas sim do modo que *ele* gostaria de ser tratado.

Inteligência interpessoal

A habilidade de gerar empatia nos relacionamentos com as pessoas com as quais convivemos, em casa ou no trabalho, é essencial na inteligência interpessoal, cuja competência básica é o talento para compreender os outros. Pessoas com essa inteligência desenvolvida são emocionalmente eficazes e possuem grande facilidade em estabelecer empatia, conseguem compreender e interpretar os sentimentos, as motivações e as intenções dos outros, tendem a ser positivas, prestativas, fazem elogios de forma genuína e possuem um talento nato para liderar.

Quando as barreiras que dificultam as relações interpessoais são enfraquecidas ou dissolvidas fica constituída uma maior conexão, melhorando a influência e a persuasão.

O conhecimento científico e a habilidade técnica são importantes, mas de pouco adiantarão se o indivíduo não apresentar um bom relacionamento interpessoal, ser empático e assertivo. O *rapport* é a porta que abre o caminho para uma boa comunicação e a empatia é a conexão pura, gerando sincronização de energia e aproximação.

Empatia

Para que a empatia ocorra é fundamental que se desenvolva um relacionamento de respeito mútuo, portanto, evite os julgamentos e que sejam respeitados a cultura, crenças e valores da pessoa; ofereça toda a sua compreensão.

Empatia é o ato de tentar compreender a perspectiva de outra pessoa, suas emoções e realidade, é a ação de se colocar no lugar do outro, ou seja, enxergar o mundo pelos seus olhos.

Cada um de nós vive na sua própria versão da realidade. Uma realidade que é definida pelos nossos sentidos, nossas emoções e nossas experiências, mas é crucial para o nosso desenvolvimento pessoal e para nossas relações que nós também façamos o esforço para experimentar a realidade de outras pessoas.

Para ser verdadeiramente empático deve-se pensar além de si mesmo e de suas preocupações.

A empatia, embora seja inata, também pode ser treinada e exercitada através de ações simples. Veja abaixo algumas ações que a estimulam:

- Olhar nos olhos das pessoas com quem a gente convive diariamente.
- Sorrir e manter bom humor.
- Fazer um elogio verdadeiro a alguém.
- Falar com generosidade e amorosidade, delicadeza e carinho.
- Perceber o estado emocional do outro. Ser mais assertivo e menos reativo.
- Evitar interromper a pessoa durante a conversa.
- Ouvir profunda e ativamente. Durante uma conversa, a maioria das pessoas formula suas respostas antes mesmo de a outra pessoa terminar a sua fala.
- Fazer perguntas para tentar entender melhor a posição do outro.
- Deixar de julgar e se posicionar com verdades absolutas, tentando compreender o estado emocional e as motivações mais profundas por trás das afirmações dos outros.

Aprender sobre as experiências alheias é fundamental para enxergar o mundo através dos olhos dos outros, mas também é muito importante que você compartilhe os seus próprios sentimentos e experiências. A empatia é como uma via de mão dupla, pois é preciso sentir com as pessoas. É demonstrar que sabe como é estar na situação que o outro está vivendo e sentindo.

Praticar conscientemente o *rapport* e a empatia é uma forma saudável de manter a mente aberta, assim combatemos preconceitos e não rotulamos pessoas. Cada ser humano possui a sua própria visão de mundo, porém é apenas uma pequena variação de uma realidade maior. Quando agimos com empatia expandimos nosso crescimento pessoal e tornamos os ambientes de convivência mais suaves e harmonizados.

Referências bibliográficas:

RIBEIRO, L. **Comunicação global.** A mágica da influência. Rio de Janeiro: Editora Objetiva, 1983.

SABBI, D. **Sinto, logo Existo**. Inteligência Emocional e Autoestima. Ed. Alcance, 1999.

ANDREAS, S.; FAULKNER, C. **PNL: A Nova Tecnologia do Sucesso**. Campus-Elsevier Ltda.

KNIGHT, S. **A Programação Neurolinguística e o Sucesso nos Negócios**: **A Diferença que faz Diferença**. Ediouro.

ROBBINS, A. **Poder sem Limites**. Ed. Best Seller.

Mais empatia, por favor. Projeto Escolar. Disponível em https://www.youtube.com/watch?v=OaLEBVSMK5k Acesso em 22 de maio 2017.

O poder da empatia. Anima Mundhy. Disponível em https://www.youtube.com/watch?v=VRXmsVF_QFY Acesso em 22 de maio 2017.

VIA PNL. Disponível em http://viapnl.webnode.com/news/espelhamento-cruzado/ Acesso em 22 de maio 2017.

FUMAKATI, T. **A Revolução da Empatia**. TEDx PedradoPenedo. https://www.youtube.com/watch?v=M8sQwMZiBfM&t=553s Acesso em 22 de maio de 2017.

A importância da empatia. QuatroV. Disponível em https://www.youtube.com/watch?v=gQJmngamIfw Acesso em 22 de maio de 2017.

ZENHAS, A. **Educação**. Educare.pt, Disponível em http://www.educare.pt/opiniao/artigo/ver/?id=11917&langid=1 acesso em 22 de maio de 2017.

Como fazer +. Disponível em https://comofazermais.wordpress.com/?s=rapport Acesso em 28 de junho de 2017.

Libertando sua Mente com PNL

7

Cecília Macedo Funck

O poder da palavra, diálogo interno e *feedback*

É uma alegria para mim abordar este tema de grande importância, pois ao fazer o Practitioner e Master em PNL passei a utilizar a palavra com muito mais cuidado e critério no meu consultório e na minha vida como um todo. Abordaremos o uso da linguagem verbal e não verbal, palavras e crenças, diálogo interno e *feedback*.

As palavras têm poder. A forma com que utilizamos as palavras pode nos auxiliar ou prejudicar dependendo do uso que fazemos delas, pois a linguagem é fundamental, nos aproximando do sucesso ou do fracasso. Ao aprendermos a usá-las corretamente com consciência e foco nos objetivos isto se torna uma ferramenta poderosa na construção de uma vida com melhor qualidade e de um futuro gratificante. Neste artigo aprenderemos algumas estratégias para despertar a consciência e auxiliar na mudança de atitude, nos aproximando e apropriando de nosso próprio poder.

A linguagem expressa nossos processos internos e o que você fala atua sobre seus pensamentos, emoções e sentimentos, pois todos estes elementos se interrelacionam. Como dizem Bandler e Grinder, "a linguagem serve como um sistema representativo para nossas experiências". Através dela expressamos nossa visão de mundo e também contribuímos para a criação de nossa realidade, já que o que enfatizamos e focamos cresce e se multiplica em nossa vida.

Quando falamos em linguagem e comunicação automaticamente pensamos em palavras, mas será que as palavras compõem a maior parte da comunicação? Segundo algumas pesquisas, **o impacto num nível inconsciente** acontece em 7% devido ao que é dito, 38% em como é dito (tom, timbre, volume, pausa etc.) e 55% devido à linguagem não verbal, que inclui a respiração, gestos, postura, fisiologia, expressão etc.).

A linguagem não verbal é responsável por boa parte da comunicação, o que denota a grande importância de sermos congruentes tanto no que é dito verbal quanto não verbalmente. Quando falamos algo, mas nossa fisiologia passa uma informação diferente, não estamos sendo congruentes em nossa comunicação, como quando uma pessoa diz "Estou empolgado com este projeto", porém fala num tom desanimado e suspira. Bandler e Grinder (1982) diziam que a base disparadora da hiperatividade é a incongruência, pois um hemisfério registra o visual e o total, enquanto o outro registra as palavras e seu significado e ambas não combinam. Como um pai que ao ver um trabalho escolar do filho com a expressão facial franze a testa e balança a cabeça sutilmente como uma negativa e diz "muito bem, parabéns". Assim tem seu início e depois se difunde para outros comportamentos. Reagimos, compramos, aprovamos, reprovamos, simpatizamos, antipatizamos, afetamos e somos afetados na maior parte das vezes inconscientemente... Com base na estrutura interna que pode ser mais sensível às imagens, sons, sensações ou sentimentos. E assim, sem percebermos falamos linguagens diferentes: auditiva, visual e cinestésica. Através desses canais dos sentidos nos comunicamos e percebemos o mundo em que vivemos.

Alguns auxiliares linguísticos

Uma boa estratégia para usar bem as palavras é estarmos atentos para a linguagem que utilizamos no nosso dia a dia, pois ela cria a nossa realidade potencializando nossos recursos ou limitando nossos resultados. Aprender a utilizá-la de modo assertivo é essencial para atingir boas respostas, como veremos em alguns exemplos:

NÃO: nosso cérebro não registra a palavra "não", por exemplo: "Não pense em uma maçã azul". Pensou, não foi? Busque falar o que quer e não o que não quer. O pensamento se forma através de imagens.

MAS: o "mas" nega ou diminui tudo que foi dito antes, por exemplo: "Guilherme é um bom menino, mas é muito desleixado". Inverta a ordem e perceba a diferença. Ao invés de "mas", procure falar "e".

TENTAR: pressupõe dúvida, medo de não conseguir, por exemplo: "Vou tentar entregar o trabalho amanhã". Diga: "Vou entregar o trabalho amanhã". Evite "tentar", faça.

TENHO QUE, DEVO, PRECISO: dão a ideia de que é algo externo que controla sua vida. Foca na obrigação e esforço. Ao invés use QUERO, POSSO, VOU, DECIDO, ME PERMITO.

NÃO POSSO, NÃO CONSIGO: dão a impressão de incapacidade. Troque por "não quero, não podia, não conseguia, ainda não posso ou não tenho conseguido".

AINDA: fale de suas dificuldades no tempo passado ou acrescente a palavra ainda: isto libera o presente, por exemplo: "eu não consigo tocar violão" mude para "eu ainda não consigo tocar violão".

Fale de mudanças almejadas utilizando o verbo no TEMPO PRESENTE no gerúndio. Exemplo: ao invés de dizer "vou conseguir" diga "estou conseguindo".

Substitua SE por QUANDO. Ao invés de dizer "se", que indica dúvida, diga "quando". Em vez de "se eu ganhar dinheiro vou viajar" diga "quando eu juntar o dinheiro vou viajar".

Troque ESPERO por SEI. Exemplo: ao invés de dizer "espero que eu aprenda..." mude para "sei que vou aprender".

Substitua o CONDICIONAL pelo PRESENTE. Exemplo: ao invés de dizer "eu gostaria de agradecer a vocês" diga "eu agradeço".

DISCORDO/CONCORDO.

Evite enfatizar as diferenças, pois elas afastam e quebram o *rapport*. Ao invés disso procure pontos em comum, que criem similaridade e sintonia. Deixe de lado aquilo a que você se opõe, exemplo: "Nisso eu concordo com você".

Nosso corpo e mente são um. O pensamento afeta o estado interno e acaba por causar uma reação física. De acordo com Sue Knight (1998), "ao cuidar de um, estão simultaneamente cuidando do outro. Na medida em que lembranças e imaginação têm os mesmos circuitos neurológicos, potencialmente têm o mesmo impacto".

Sua mente não distingue o que é imaginado do que é real. Se você usar sua imaginação para criar uma imagem de uma situação positiva em sua mente, automaticamente você sente bem-estar e, por outro lado, se pensar em algo desagradável seu corpo é invadido por sensações e sentimentos desagradáveis, contraindo-se, acelerando batimentos como se estivesse acontecendo na realidade. Infelizmente grande parte das pessoas utiliza o poder da imaginação para se torturar e amedrontar, porém a PNL traz luz e ensina uma nova forma muito eficaz de utilizar a imaginação de modo a alinhar-se com seus objetivos e metas, assim como afastar-se dos resultados negativos.

Exercício

Pare por um momento e pense em uma situação a qual você tem de enfrentar, algo que você tem a fazer que lhe seja um desafio. Pense na situação e perceba como se sente, veja o desfecho. Se o resultado foi bom, se ao imaginar o sentimento ou sensação é agradável, ótimo, você está no caminho. Se por acaso sentiu desconforto, ansiedade, tensão, imagine-se já com a situação concluída de forma satisfatória, veja o que está fazendo, ouça, sinta. Aumente o brilho, as cores, o som e a intensidade do bem-estar. Perceba como se sente com essa experiência e o quanto ela lhe coloca em um estado pleno de recursos ao invés de lhe paralisar como acontece quando pratica o contrário. Com essa técnica simples você pode gerar uma mudança significativa na forma de lidar com os desafios.

Como lidar com o diálogo interno

Outra questão é que somos sensíveis e afetados pelo que os outros nos dizem, principalmente as figuras parentais e professores na época de nossa infância que vão formando nossas crenças, afirmações que se tornam verdades sendo as bases do que acreditamos sobre nós, sobre os outros e sobre o mundo. Porém pior do que os outros fazem conosco pode ser o que fazemos com nós mesmos, pois muitas vezes alimentamos um diálogo interno pejorativo. Como salientam Bandler e Grinder (1982), "as palavras são gatilhos que tendem a disparar para sua consciência certas partes de sua experiência e não outras", pois dependendo das palavras que utilizamos podemos ativar sentimentos e sensações agradáveis ou não, que podem nos impulsionar ou restringir.

O diálogo interno negativo é um problema sério que acomete grande parte da população, sendo um dos principais motivos que levam as pessoas a buscar algum tipo de terapia, pois ele vai enfraquecendo sua força, determinação e alcance de objetivos. Pois por mais que você sonhe com a vida que quer, muitas vezes, por ter como base crenças limitantes acaba se boicotando, puxando seu próprio tapete e morrendo na praia. Precisamos aprender a usá-lo de forma construtiva. Algumas estratégias para lidar de forma mais assertiva são:

- Bloquear o diálogo interno

- Substituir por outro

- Redirecionar para finalidades mais positivas

- Negociar questionando e usando uma técnica de PNL

- Torná-lo desnecessário

- Reduzir usando a consciência

- Modular mudando a maneira como fala consigo para ter um efeito calmante de apoio

- Dirigir não acolhendo pensamentos limitantes e pejorativos

- Reconhecer que pode ser feito de forma diferente

- Inibi-lo prestando atenção em coisas que não exijam diálogo interno ou que recorram a outros sentidos: tato, visão, audição.

Palavra e crenças

Aprendendo a usar o diálogo interno o transformamos em um instrumento fantástico, reforçando e alimentando crenças positivas. As crenças podem ser fortalecedoras ou limitantes, estas últimas atrapalham, funcionando como empecilho, pois acabam impedindo-o de viver suas potencialidades. Bandler e Grinder (1986) colocam que "quando mudamos o molde mudamos o significado. Quando o significado muda as respostas e comportamentos da pessoa também se modificam". Alguns exemplos de crenças limitantes são:

- Sou velho demais.
- Não tenho tempo.
- Não sou bom nos esportes.
- Demoro para aprender.
- Prefiro não arriscar.
- Sou desorganizada.
- Sou tímido.

Alguns exemplos de crenças fortalecedoras:

- Tenho todos os recursos que preciso.
- Não existe fracasso, somente resultado.
- Assumo a responsabilidade.
- Trabalho é prazeroso.
- Sempre aprendo com o que me acontece.
- Ganho de qualquer forma.
- Posso desenvolver as habilidades que preciso.
- Consigo realizar qualquer meta a que me propuser.
- Se alguém pode eu também posso.
- Posso aprender qualquer coisa.

Na PNL há uma série de estratégias para neutralizar crenças negativas e ampliar as positivas.

Dar e receber *feedback*

Outra forma de nos comunicarmos melhor é aprendermos a dar e receber *feedback*, pois é uma ferramenta importante para a mudança de comportamento e que contribui para um melhor desempenho. Algumas vezes o *feedback* é solicitado, outras não e nem sempre é fácil dar ou recebê-lo. Então seguem algumas dicas para um *feedback* focado no desenvolvimento de habilidades:

✓ Determine a intenção: o que você quer com este *feedback*? Qual o seu objetivo com ele?

✓ Foque na melhoria ao invés da crítica: faça sugestões positivas, usando os níveis neurológicos da PNL como guia:

○ **Ambiente:** onde, quando e com quem.

○ **Comportamento:** o que especificamente fez ou deixou de fazer?

○ **Estratégias/capacidades:** comentar o que demonstrou, no que falhou e no que se destacou positivamente.

○ **Crenças e valores:** perguntar sobre crenças e valores.

○ **Identidade:** nunca diga "você é incompetente", ou algo desqualificativo. É melhor evitar *feedbacks* que sejam no nível de identidade. Foque no comportamento.

○ **Espiritualidade/propósito:** finalidade das ações e conexões com o sistema maior.

✓ Fale com o coração e converse sobre o impacto das ações da pessoa em você. Exemplo: "quando você interrompeu-me daquela maneira eu me senti desvalorizada".

✓ Foco no desenvolvimento e não para se autoafirmar.

✓ Seja claro quanto ao propósito.

✓ Veja se o receptor está disposto a receber o *feedback*, caso não esteja será uma perda de tempo e energia.

✓ Aguarde um momento propício.

✓ Caso esteja recebendo acolha como uma sugestão e não como uma regra.

✓ Considere que quem lhe ofertou foi com uma intenção positiva, caso contrário agradeça e siga em frente.

✓ Pode questionar a quem lhe oferece se acredita que as coisas seriam melhores caso seguisse o *feedback*.

- ✔ Ficar num ambiente de trabalho que não tenha abertura para questionamentos e esclarecimentos pode facilitar a propensão a desilusões e doenças.
  - ✔ Reconhecer que o *feedback* é um processo de exame conjunto.
  - ✔ Estabelecer um bom *rapport*.
  - ✔ Ser específico.
  - ✔ Ser descritivo e não avaliativo.

Feedback sandwich

Começamos com um comentário positivo específico, colocamos a crítica e finalizamos com um comentário geral positivo. Porém essa técnica após o uso, algumas vezes, se torna previsível e assim logo que recebe um elogio a pessoa se retrai esperando a crítica que vem logo depois. Uma forma interessante é fazer uma sugestão, dar uma razão de porque acha que é uma boa ideia e uma afirmativa sobre o que a sugestão irá evitar e encerrar com um comentário geral positivo sobre a pessoa e suas habilidades. Dessa forma diminui consideravelmente a resistência e eleva o índice de aceitação e colaboração, pois sabemos que um estado emocional positivo é a chave para um melhor rendimento e desempenho.

Com essas estratégias podemos aprimorar nossa comunicação interpessoal e intrapessoal de forma a alcançarmos um estado mental positivo, assertivo e que proporciona um alinhamento com seus objetivos de forma a criar a vida que almeja ter. Vamos ser criadores conscientes?

Referências bibliográficas:

BANDLER, R.; GRINDER, J. **Ressignificando: Programação Neurolinguística e a Transformação do Significado**. Summus Editorial.

BANDLER, R.; GRINDER, J. **A Estrutura da Magia**. Zahar Editores.

BANDLER, R.; GRINDER, J. **Sapos em Príncipes: Programação Neurolinguística.** Summus Editorial.

DILTS, R. **Crenças**. São Paulo: Summus Editorial.

ANDREAS, S.; FAULKNER, C. **PNL - A Nova Tecnologia do Sucesso.** Editora Campus-Elsevier Ltda.

KNIGHT, S. **A Programação Neurolinguística e o Sucesso nos Negócios**: A Diferença que faz Diferença. Ediouro.

DERONÍ, S. **Sinto, Logo Existo**. Instituto Sabbi: Editora Alcance, 1999.

ROBBINS, A. **O Poder sem Limites**. Editora Best Seller.

Apostila do curso Practitioner em Programação Neurolinguística. Instituto Sabbi.

Deadling with Negative Self-Talk. The Pegasus NLP Newsletter. Disponível em www.nlp-now.co.uk

ELBERTON, R. **Providing Feedback**. NLP.

ELBERTON, R. **Receiving Feedback**. NLP.

8

Beatriz Bruehmueller

Estados e Metaestados

O que é um estado?

A cada momento de nosso dia experimentamos a vida através de um Estado Primário. Tudo o que fazemos, fazemos em um determinado estado. Podemos estar em estados neutros, favoráveis, de recursos ou estados desfavoráveis, sem recursos. Quando estamos em um Estado de Recursos podemos responder ao momento da maneira mais apropriada, bem diferente de quando estamos em um estado sem recursos, pois muitas vezes agimos de maneira inadequada, nos sentindo desempoderados e até complicando as coisas.

A maior parte do seu dia em que estado você está?

Você consegue estar no estado mais adequado para cada ocasião? Gostaria de administrar os seus estados?

Os componentes do nosso estado são corpo, mente e emoção. Nós experimentamos a cada momento um estado de mente-corpo-emoção. Então, estado é mental e emocional e é expressado através do corpo. E esses estados mente-corpo-emoção são interrelacionados, não conseguimos separá-los, porque conforme nós pensamos e sentimos expressamos no corpo. E a qualidade do que pensamos e sentimos está diretamente relacionada com os significados que atribuímos aos eventos e situações externas. Logo, todo estado tem uma referência externa, algo que acontece do lado de fora, cria uma imagem ou filme em nossa mente, com qualidades sonoras e sensações no corpo.

Exemplo: alguém entra bruscamente em sua sala gritando e falando impropérios, ao perceber isso vem um pensamento, e a qualidade deste pensamento, os significados que você dá ao comportamento daquela pessoa vão gerar uma emoção primária (raiva, medo, insegurança etc.) e o seu corpo vai agir ou reagir segundo esta emoção. Imagine que você pensa "que falta de respeito" e ao pensar isto sobre aquele comportamento da outra pessoa você sinta raiva, imediatamente o seu corpo vai expressar esta raiva, talvez ficando vermelho, talvez reagindo com gritos, ou outra forma qualquer.

Os estados são acessados internamente e na maioria das vezes inconscientemente. No exemplo acima talvez a pessoa reaja gritando e expulsando a outra pessoa da sala num estado totalmente alterado em virtude da raiva que está experimentando, e somente depois pode vir a se dar conta do que fez. Como também poderia não ter sentido nada, estar num estado neutro, com relação àquele comportamento, e sua reação poderia ser completamente diferente, e talvez viesse um pensamento "esta pessoa precisa de ajuda" e sua ação seria de ouvir e fazer algo por aquela pessoa. Poderiam ser diversos os estados que o protagonista de nosso exemplo experimentasse. Então eu te pergunto:

O que faz com que a pessoa aja desta ou daquela maneira? Experimente um estado ou outro?

Vamos responder utilizando o nosso exemplo. O protagonista poderia mais tarde se referir àquele episódio dizendo "aquela pessoa me fez sentir raiva", já ouvimos este tipo de expressão não é mesmo? E eu te pergunto: foi a outra pessoa que o fez sentir a raiva? Ou foi ele quem sentiu a raiva?

É impossível alguém conseguir fazer com que outra pessoa sinta qualquer emoção que ela não deseja sentir. Logo, a raiva é de quem sentiu. Há pessoas que são dominadas pelas suas emoções, enquanto outras parecem lidar tranquilamente com elas.

E o que é uma emoção? Em Neurossêmantica, dizemos que uma emoção é a resultante da diferença entre o que esperávamos, nossas expectativas, e o que acontece, a realidade. Se tínhamos muitas expectativas e recebemos muito menos, iremos experimentar emoções ditas "negativas" como "frustração", "raiva" etc. Se a nossa expectativa era baixa e recebemos muito mais do que esperávamos iremos sentir uma emoção "positiva" como "alegria", "satisfação" etc. Por que utilizamos a expressão "ditas" ao nos referirmos às emoções? Porque acreditamos que toda emoção é positiva, pois ela é um convite para que tomemos medidas.

O que vai fazer a pessoa agir de uma maneira ou outra, acessar um estado ou outro é o significado que a pessoa atribuiu ao fato.

E esse significado tem dentro da pessoa uma referência anterior, que pode ter sido ancorada visual, auditiva ou cinestesicamente, em outro momento.

E o que é uma âncora? Âncoras são neuroassociações criadas na mente, também chamadas de "gatilhos" de uma experiência interna. As âncoras podem ser naturais, espontâneas ou criadas.

Eventos que aconteceram em nossas vidas e tiveram uma carga emocional podem ficar ancorados naturalmente em nosso sistema corpo-mente-emoção independentemente de escolhermos, como é o caso de traumas, e também podem ser situações boas, positivas, como por exemplo uma comida de que você gostava na infância e ainda hoje sente muito prazer em desfrutá-la porque ela traz lembranças agradáveis. As âncoras podem ser visuais, auditivas ou cinestésicas.

Podemos criar âncoras? Sim, podemos utilizar as âncoras para criar estados de recursos para utilizar em determinadas situações/momentos em que nos sentimos sem recursos e em momentos em que desejamos ter um Estado de Recursos mais adequado para responder àquela situação/momento.

Logo adiante teremos um exercício para criar um Estado de Recursos que você poderá utilizar quando quiser.

É possível administrar os nossos estados?

Sim, podemos fazê-lo através de dois caminhos, duas chaves, que são o corpo e a mente. Eliciamos um estado com recursos através da mudança do pensamento ou da fisiologia. Você pode usar os dois juntos ou somente um deles, depende muito da intensidade do estado que se quer mudar. Juntos poderão proporcionar melhores resultados.

1- Através do corpo - movimentando-se, levantando-se, andando, ou utilizando o "como se" para "fingir" que tem um determinado estado, como movimento dos lábios como se estivesse sorrindo. O corpo vai ativar neurotransmissores que fazem parte de um estado feliz, e em consequência você vai acessar este estado. Ou movimentando os braços. Braços para cima em "postura de vitória" ou socando o ar para cima alteram o estado.

Outra forma poderosa de mudar o estado através do corpo é com a respiração. Normalmente quando estamos tensos, agitados ou ansiosos a respiração é curta e na parte alta do tórax. Quando inspiramos e expiramos lentamente entramos num estado de relaxamento e se torna impossível continuar no estado agitado anterior.

2- Através da mente - Para acessar um estado de recursos é necessário uma das duas condições: ter vivido este estado de recursos em algum momento ou criar o estado. No caso de já termos vivido uma experiência em que criamos na mente uma referência do estado de recursos que desejamos, iremos acessá-la através da memória. No caso de desejarmos ter um estado de recursos que não vivemos ainda, podemos criá-lo através da imaginação, seja através da modelagem de alguém que tenha este estado ou de uma referência que a pessoa tenha sobre os componentes do estado. Um dos princípios para mudar estados é ter uma referência na mente sobre o estado que se deseja. A pessoa precisa conhecer o estado de recursos desejado. Outro é ter consciência e percepção do estado em que está e quando o estado muda. Você percebe o que provoca mudança de estado em você? Quais situações? Comportamentos?

Tenho um exemplo pessoal. Eu estava num estado neutro, saindo do supermercado, e vi uma mulher com um filho de uns sete anos vindo na minha direção, brincando e rindo de uma maneira muito prazerosa e alegre. Vendo isso, me deixei contagiar, e entrei num estado de alegria, e veio um pensamento: "você não era assim com seus filhos". Imediatamente perdi o estado de alegria e entrei num estado de tristeza, porém, logo em seguida, estando consciente do novo estado, fiz uma interrupção de estado, falando comigo mesma: "pare, você fez o seu melhor", imediatamente voltei para o estado neutro.

Se você está atento, tendo consciência do estado em que está a cada momento, é possível mudar o estado inadequado, assim como acessar o estado de recursos que se deseja para cada situação/momento.

Sempre que percebemos que estamos num estado inadequado podemos interrompê-lo. Como? Muito simples. Falando comigo mesmo "Pare", ou outra coisa que se deseja dizer, através da mente. Ou movimentando o corpo, andando etc., como vimos anteriormente.

Gostaria de ter um estado de recursos disponível para acessar no momento em que desejar? Como fazer?

Exercício

Vamos ao passo a passo de um **exercício** que você poderá fazer sozinho:

1. Tenha consciência do estado em que você está.

2. É um estado muito diferente daquele que você deseja? Se sim, faça uma interrupção de estado.

3. Pense no estado desejado. Onde e quando deseja usar este Estado de Recursos?

4. Procure um estado mais puro possível. Vá na sua memória e lembre-se de um momento em que você teve este estado. Ou na sua imaginação, e crie este estado.

5. Lembre-se do momento, do local onde você teve o estado, e traga as imagens desta lembrança. Perceba os sons desse momento, talvez até algo que você falava para você mesmo, ou que ouvia do ambiente. E perceba as sensações que acontecem no seu corpo. Onde no seu corpo você

percebe? E você pode ampliar essa sensação ainda mais, para todo o corpo, para cada célula.

6. Uma vez tendo acessado totalmente o estado, crie uma âncora, visual, auditiva ou cinestésica, ou até com todas as três características. Por exemplo: você pode tocar uma parte de seu corpo enquanto fala uma palavra e vê uma imagem.

7. Quebre o estado.

8. Teste a(s) âncora(s) para saber se o estado está ancorado. Toque na parte do corpo, veja em sua mente a imagem e pronuncie a palavra, por exemplo, e perceba se o seu corpo entra no Estado de Recursos desejado. Caso não esteja ancorado, faça novamente o processo a partir do item 4 utilizando outra situação ou momento.

9. Faça uma Ponte ao Futuro e se veja atuando naquela situação, local para o qual você deseja usar este Estado de Recursos. Esteja lá totalmente e completamente, ative a(s) âncora(s), e se perceba agindo agora com esse novo estado de recursos naquela situação/momento.

10. Volte a sua consciência corporal para aqui e agora.

Você poderá utilizar esse exercício para criar tantos Estados de Recursos quanto desejar, o que você precisará é diferenciar o tipo de âncora e local no seu corpo em que ancorou. E podemos acrescentar Metaestados de Recursos ao Estado de Recursos que criamos. Para fazer isso siga a partir do passo 4 com os outros recursos que você deseja.

O que são metaestados (ME)

A Neurossêmantica introduziu o conceito de metaestados.

Metaestados são estados que automaticamente e involuntariamente trazem outros estados. São também chamados de metaníveis da mente, e podemos ter metaníveis de Significado, de Crença, Valor, Identidade, Princípios, Decisão, Entendimento, Expectativa, Intenção, Metáfora etc.

E como os criamos?

O significado de meta é "acima de", isto é, um estado acima de outro estado, um metaestado (ME). Eles são os únicos que dão uma qualidade diferente e modificam os estados primários.

Criamos ME através da nossa mente, de forma natural, pois a mente é autorreflexiva.

Como fazemos isto?

Acontece um evento externo, imediatamente acesso um estado primário e crio ou acesso uma representação no cinema interno da mente. Essa representação possui imagem, som e sensação. Em seguida penso sobre o evento, e com este ato de pensar crio o meu 1º metaestado (ME); e depois penso sobre o que eu tinha pensado, e crio o meu 2º ME; e sinto a respeito do que pensei sobre o que pensei do evento, e crio o meu 3º ME; e avalio o que estou sentindo a respeito do que eu pensei e do que pensei sobre o evento, e crio o 4º. ME. E assim podemos criar infinitos metaestados sobre um mesmo evento.

Vou dar um exemplo. Algo inesperado acontece e acessamos um estado primário de "mau humor"; e começamos a pensar "não devia estar com mau humor, tenho uma reunião agora". Nesse momento criamos o 1º metaestado (ME), vamos chamar de "preocupação"; continuamos pensando: "É que estou com muitas obrigações", e criamos o 2º ME que vamos chamar de *stress*; e daí pensamos: "O que é tudo isso que estou sentindo?" e criamos o 3º ME, "medo"; e avaliamos "algo está errado comigo" e criamos o quarto metaestado, "ansiedade"; e continuamos "eu não deveria estar pensando em tudo isso, um absurdo!" e daí criamos o 5º ME que podemos chamar de "raiva de mim". E assim podemos ir infinitamente criando mais e mais metaestados. O que no início era apenas um "mau humor" agora é um estado semanticamente carregado por tantos outros estados, um estado com ainda menos recursos.

Um estado semanticamente carregado é um estado a que atribuímos muitos significados. Quando carregamos semanticamente um estado trazemos muita energia para este estado. Algumas pessoas fazem coisas horríveis, criam problemas, enquanto outros usam esta energia e fazem coisas fantásticas.

Podemos administrar os estados através da consciência do estado em que estamos a cada momento, a todo momento, para estarmos no Estado de Recursos apropriado que nos favorecerá ter os resultados que almejamos. Desejo que você possa utilizar esta contribuição para criar a vida e os resultados que deseja.

Referências bibliográficas:

O'CONNOR, J. **Manual de Programação Neurolinguística**, Um guia Prático para alcançar os resultados que você quer. Rio de Janeiro: Qualitymark, 2006.

HALL, L. M. Ph.D. **O Treinamento Metaestados**. AGP. Washington DC: Livraria do Congresso, 2000.

HALL, L. M. Ph.D. **Meta-PNL** – Treinamento Intensivo da PNL. Washington DC: Biblioteca do Congresso, 2001. Revisão 2006.

9

Ademir Model

Libertando sua Mente com PNL

Alcance suas metas

Caro leitor,

Escrevo este texto através das mãos do meu amigo e colega psicólogo Deroní Sabbi, coordenador técnico desta obra, que passa para o papel minhas ideias e o conteúdo deste trabalho, já que no momento estou ainda impossibilitado de usar minhas mãos, pois quando me preparava para escrever este artigo sobre metas fui assaltado no mercado que eu e meu sócio mantínhamos em Torres, Rio Grande do Sul. Levei um tiro na nuca, a bala atravessou o pescoço fraturando quatro vértebras, perdi os movimentos da cabeça para baixo. Fiquei internado um mês na UTI com prognóstico de tetraplegia, devido ao grau do ferimento.

Ao me dar conta da gravidade da situação, procurei um atendimento intensivo da Programação Neurolinguística (PNL) com ele, porque mesmo com o diagnóstico de tetraplegia, que traduzindo era de não movimentar pernas, braços, mãos e pés, tive a consciência de que precisava seguir em frente. Nos atendimentos pude trabalhar as crenças de saúde, a espiritualidade que me ajudou a prosseguir, mesmo nos momentos difíceis que estava passando. Trabalhamos com ressignificações positivas, hipnose, metáforas e assistimos ao filme "O Homem Milagre", um exemplo de superação e motivação porque apesar do quadro clínico sem esperança pelo diagnóstico demonstrou que a determinação e o foco podem operar verdadeiros milagres.

Ele me auxiliou nos atendimentos dentro da UTI, para que eu pudesse enfrentar com sabedoria e coragem a situação em que me encontrava, e prossigo fazendo tudo o que me recomenda, através da PNL e diversas abordagens curativas que utiliza há muitos anos.

Optei por continuar sendo coautor deste livro, uma vez que estava plenamente lúcido e consciente da importância de escrever sobre metas. Estabeleci minha primeira meta, voltar a movimentar os braços, mãos e pernas. Hoje, já passados alguns meses do incidente, consigo movimentar os braços e as mãos e voltei a ter a sensibilidade na parte do abdômen e das costas. E prossigo trabalhando diariamente para minha recuperação plena.

O trabalho com metas tem o sentido de definir o que você quer nas diversas áreas da vida, no intuito de estabelecer o tempo/data para alcançar a meta desejada. As metas nos auxiliam a ir de um estado atual para o estado desejado, com prazo e data definidos.

A busca pelo crescimento e desenvolvimento pessoal e profissional passa necessariamente pelo estabelecimento e comprometimento com metas, alcançar os objetivos e mover-se até onde se quer chegar. Para definir as metas é preciso estar em sintonia com o propósito de vida e a missão pessoal, o que significa estar plenamente engajado com os objetivos de vida.

Exercício - Defina o grau de satisfação em cada uma das áreas de sua vida, de 0 a 10. Escreva em cada área uma ação específica que poderá trazer mais satisfação e qualidade a cada uma.

Área	Componentes	Grau de Satisfação	Ações Específicas
Saúde física	Alimentação Exercícios Higiene Hábitos Cuidados Bem-estar		

Emocional	Equilíbrio Autodomínio Inteligência emocional		
Afetivo	Dar e receber Amor Companheirismo		
Familiar	Pais, filhos, irmãos, sobrinhos Antepassados		
Relacionamento social	Amigos Grupos Comunidade		
Desenvolvimento intelectual	Leitura Vídeos Viagens Palestras Cursos		
Profissional	Aperfeiçoamento Qualidade Competência Atualização		
Financeiro	Ganha Gasta Poupa Administra Mantém Investe		
Lazer	Coisas que gosta de fazer		
Espiritualidade	Sentido Propósito Contribuição Sabedoria Congruência		

Exercício com a Roda da Vida

Demarque na Roda da Vida o seu grau de satisfação no seu ESTADO ATUAL. De todas essas áreas, defina o anseio que neste momento lhe parece mais importante e com ele vamos construir uma meta.

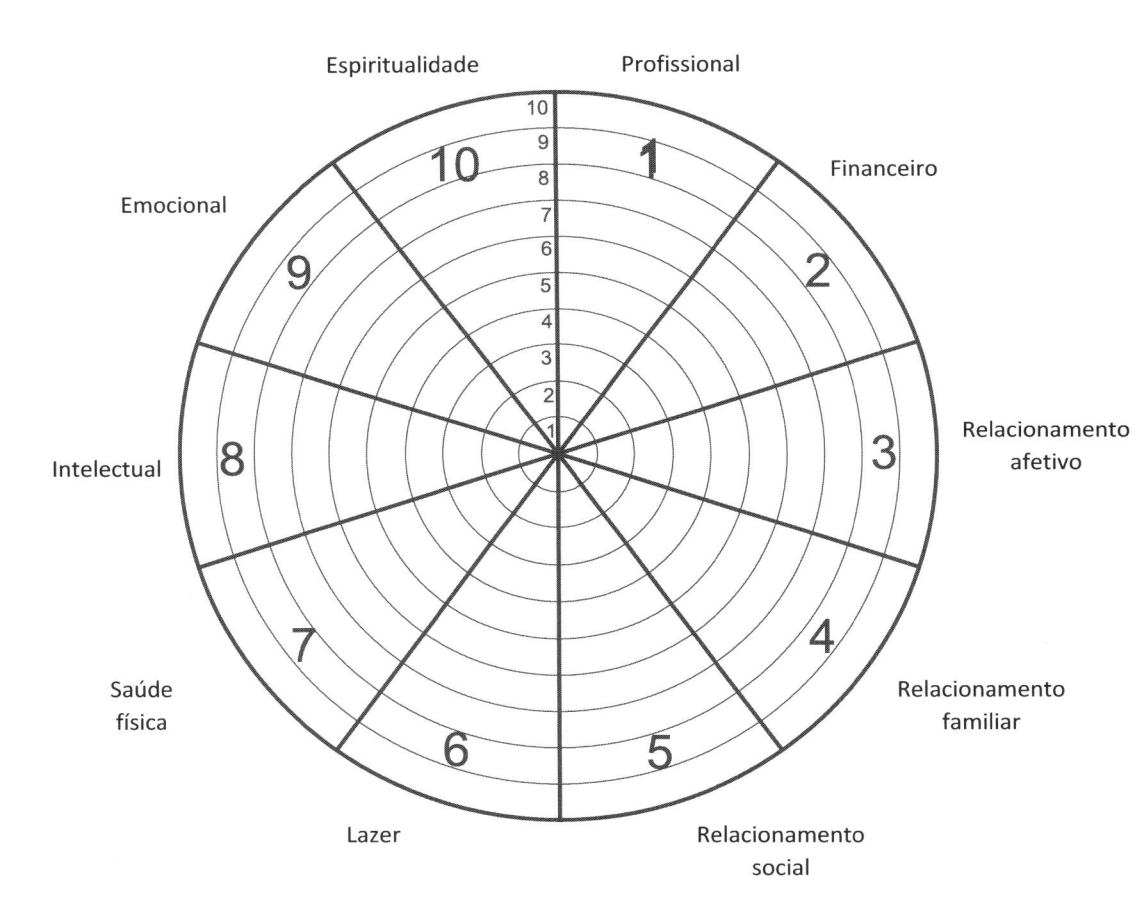

- 1 - Profissional
- 2 - Financeiro
- 3 - Relacionamento afetivo
- 4 - Relacionamento familiar
- 5 - Relacionamento social
- 6 - Lazer
- 7 - Saúde física
- 8 - Intelectual
- 9 - Emocional
- 10 - Espiritualidade

Exercício – EA - ED

Estado atual	Estado desejado
Problemas, dificuldades, insatisfações	Soluções, conforto, satisfação

Exercício de Metas Espertas

Este exercício funciona melhor quando um guia entrevista um sujeito, utilizando *rapport*. Um senta-se defronte do outro, alinhando sua linguagem verbal e não verbal, explana brevemente sobre a tarefa e faz as perguntas de forma pausada, anotando as respostas do companheiro. Permite que o *practitioner* ou *coach* o utilize para facilitar o processo do sujeito para definir mais claramente os passos para alcançar sua meta.

- ✓ **METAS ESPERTAS ESPECÍFICAS** (o que, onde, quando, com quem?)
- ✓ **SISTÊMICA** (atua de maneira benéfica em todas as áreas da vida? Todos ganham?);
- ✓ **POSITIVA** (linguagem afirmativa, que cria imagem do que você quer)
- ✓ **EVIDENCIADA** (pelos dados sensoriais – O que você vai ver, ouvir e sentir)
- ✓ **RECURSOS** (que recursos internos e externos você já tem ou precisa ter)
- ✓ **TAMANHO** (a meta precisa ser subdividida em outras metas menores?)
- ✓ **AÇÃO – ALTERNATIVA** (de que ações e alternativas lançará mão para alcançar a meta?)
- ✓ **SIGNIFICATIVA** (qual significado tem pra você).

Sua meta deve ser ESPECÍFICA - Você precisa especificar exatamente o que quer no tempo presente, em uma linguagem que use imagens, sons e sensações, para ativar padrões neurológicos que gerem novos resultados. A sua meta precisa ser iniciada por você e depender de você. Vou lhe fazer algumas perguntas, de forma pausada, e irei anotando suas respostas, que depois lhe passarei, para que possa ter como referência no seu caminho para lá chegar:

1. O que você quer?
2. Em que contextos?
3. Onde?
4. Quando?
5. Com quem?
6. Com que tamanho ou intensidade?
7. Quando chegar à realização do que deseja, o que, especificamente, você vai ver?
8. O que vai sentir?
9. O que vai ouvir?
10. O que estará dizendo pra si mesmo?
11. O que estará fazendo?

Sua meta deve ser **SISTÊMICA**: você deve considerar o efeito que a realização da sua meta terá em todo o sistema da sua vida, isto é, sua ecologia comportamental, como vai combinar com as suas outras metas, como vai afetar outras áreas de sua vida, a sua família, o seu ambiente de trabalho, suas finanças, seus relacionamentos e outras áreas. (O guia fica bem atento às possíveis incongruências que possam aparecer na linguagem verbal ou não verbal do sujeito.)

12. Como a realização da meta vai afetar a sua vida?
13. Como sua meta interferirá em outras áreas de sua vida?
14. O que você vai ganhar?
15. Do que terá de abrir mão?
16. Quem mais vai ser afetado? Como? O que dirão as pessoas significativas da sua vida a respeito do resultado que você deseja?
17. O objetivo é congruente com seus valores? Como?

Sua meta deve ser POSITIVA. Use termos positivos numa linguagem afirmativa. Uma meta negativa, do tipo "Eu não quero comer demais", "Eu quero parar de...", "Eu quero viver sem...", cria uma imagem da limitação. Transforme a imagem de algo que não quer em algo que quer, uma imagem do que quer, um ensaio mental exatamente do resultado que você terá ao chegar lá.

Responda: "A sua meta gera imagens daquilo que quer ao invés do que não quer?"

Você precisa ter EVIDÊNCIAS SENSORIAIS de que conseguiu a sua meta e *feedback* durante o processo para se autocorrigir. Descubra quais são as evidências em todos os sistemas sensoriais, isto é, uma representação do objetivo usando imagens, sons e sensações, pois assim mobilizará todos os sistemas de processamento do seu cérebro. Faça isso, respondendo:

18. Como irá saber que está conseguindo se aproximar da sua meta?

19. Que evidências sensoriais terá?

20. Como você vai saber que está conseguindo caminhar em direção à realização do objetivo?

21. O que você vai estar vendo, enquanto se aproxima de sua meta?

22. O que estará ouvindo?

23. O que estará dizendo para si mesmo?

24. O que estará sentindo?

25. Que crenças limitantes ou possibilitadoras estarão presentes neste momento?

26. Você precisa de auxílio externo para otimizar isso? Você precisa identificar que RECURSOS já tem e que recursos precisa para levá-lo do estado atual para o estado desejado.

27. O que ainda o impede de alcançar seu objetivo?

28. O que já tentou no passado para conseguir o seu objetivo? O que o impediu de chegar lá?

29. Que capacidades e recursos você já tem para conseguir a sua meta?

30. Que outros mais você precisa?

31. Que capacidades e recursos você já tem para ajudá-lo a conseguir o seu objetivo?

32. Que outros mais você necessita?

A sua meta precisa ser trabalhada com um enfoque de TAMANHO adequado. A meta grande demais precisa ser dividida em áreas ou parcelas a serem trabalhadas separadamente.

33. O que ainda o impede de alcançar o objetivo?

34. Que efeito positivo a realização desta meta vai gerar na minha vida?

A sua meta precisa ter opções no plano de AÇÃO. E apontar ALTERNATIVAS. Uma opção é limitada; duas criam um dilema e três permitem escolhas.

35. Qual é o seu plano de ação?

36. Como você vai lidar com dificuldades ou desafios?

37. O que, especificamente, você vai fazer para realizar esta meta?

38. Qual é seu plano de ação?

39. Como pode estruturar uma sequência de dez passos, que constituem uma estratégia efetiva para alcançar sua meta?

40. Quais os passos sequenciais para alcançar a meta? Se houver outras perguntas relevantes, consulte o capítulo do metamodelo, e da ecologia.

Círculo de excelência

Para otimizar seus recursos vamos propor um exercício:

Construa uma âncora de recursos de excelência, disponível para momentos no futuro. Geralmente há a necessidade de você repetir o exercício algumas vezes até a âncora se tornar permanente.

1. **Identifique o estado de excelência**: "Que estado de excelência você gostaria de ter disponível em mais situações de sua vida?"

2. **Imagine um círculo de excelência no chão, à sua frente**... "Veja seu tamanho... Veja a sua cor... Escolha um som ou música inspiradora. Ouça uma voz que você gosta reconhecendo seu valor."

3. **Agora reviva o momento em que você se achava plenamente naquele estado de excelência**... "Você está vendo você lá ou você está dentro do momento? (Se o sujeito estiver dissociado, convide-o a entrar na experiência.) Veja o que você viu, ouça o que você ouviu, o que disse pra si mesmo e sinta o que você sentiu... Quando você sentir que

está no auge do estado, entre no círculo, vendo-o e ouvindo seu som." Lembre-se ou imagine o momento em que caminhou ou falou pela primeira vez... quando aprendeu a ler e a escrever.

4. **Saia do círculo e faça uma quebra de estado**, olhe em volta e interaja com os outros.

5. **Agora vamos testar.** "Volte ao círculo e perceba o quanto isso traz de volta aquelas sensações... (pausa). Saia do círculo e faça uma quebra de estado." Caso o estado de excelência não retorne de maneira completa e automática, volte à etapa 2.

6. **Reviva as experiências do estado de excelência, reforçando-o.** "Você está se vendo lá ou está dentro do momento? (Se o sujeito estiver dissociado, convide-o a entrar na experiência.) Veja o que você viu, ouça o que você ouviu, lembre o que disse para si mesmo, sinta o que você sentiu. Quando você sentir que está de novo no auge da experiência, entre outra vez no círculo e permita que dentro do círculo o estado se intensifique ainda mais."

7. **Saia do círculo... e faça uma quebra de estado**.

8. Repita mais uma vez as etapas 6 e 7 e vá para a etapa 9.

9. **Agora identifique uma situação ou um contexto desejado no qual você gostaria de ter acesso a este estado de excelência.**

10. Quando você começar a ter acesso ao estado insatisfatório, **entre no círculo e certifique-se de que atinge rapidamente o estudo de excelência.**

11. **Teste**: saia do círculo e faça uma quebra de estado... Pense de novo na situação insatisfatória e verifique suas sensações. Que acontece agora?

12. **Agora imagine no futuro uma ocasião em que aquela situação poderia acontecer novamente e veja-se com os recursos.** Imagine que está lá com estes recursos como parte de si mesmo.

Exercício - futuro irresistível

Este exercício tem como objetivo estabelecer uma direção positiva, reforçando a conexão com os recursos necessários para alcançá-lo. Imagine uma linha do tempo no chão, desde a concepção até um futuro distante.

Estabeleça um ponto no presente. Entre na linha do tempo e retorne cinco anos, colocando-se associadamente lá, como se estivesse vivendo aquele momento.

Perceba o ambiente, comportamento, capacidades e crenças que criaram o você daquela época, e criaram o você de agora.

Agora olhe para o seu futuro e perceba como você se tornará se continuar a agir exatamente assim como tem agido nos últimos cinco anos. Então escreva dez recursos que quer ter bem disponíveis no futuro, como confiança, tranquilidade, paciência, alegria, e outros.

Incorpore mentalmente esses estados de recursos em si mesmo e caminhe na linha do tempo para um ponto a cinco anos no futuro e experimente todos estes recursos vivenciados por seu eu ideal no futuro e sinta qual o impacto em sua vida.

Agora olhe para trás e identifique os passos que seguiu até que tenha criado este estado de recursos de uma forma completa e total. Desejo que você se estruture positivamente, faça sua parte e alcance suas metas.

Namastê.

Referências bibliográficas:

O'CONNOR, J. **Manual de Programação Neurolinguística**. Rio de Janeiro: Qualitymark, 2006.

BANDLER, R.; GRINDER, J. **Ressignificando: Programação Neurolinguística e a transformação do Significado**. Editora Summus.

DILTS, R. **Crenças**. Editora Summus.

SABBI, D. **Sinto, Logo Existo. Inteligência Emocional e Autoestima.** Instituto Sabbi, 1999, Editora Alcance.

ROBBINS, A. **Poder sem Limites**. Apostila do curso Practitioner em Programação Neurolinguística. Instituto Sabbi: Editora Best Seller.

SANTOS, A. H. **Planejamento Pessoal** - Guia para Alcançar suas Metas. Vozes Nobilis.

10

David Medina

A magia das submodalidades

Submodalidades e suas variações

Um dos **segredos mágicos da sua mente** é a possibilidade de produzir emoções poderosas[1], isto é, mudanças de estado psíquico e emocional por meio das **submodalidades**. Enquanto as modalidades correspondem aos nossos sistemas representacionais (V/A/C/O/G), as submodalidades são as respectivas variações ou subdivisões de cada um dos canais.

Exemplo:

Feche os olhos e imagine um automóvel. Como você vê o automóvel? Colorido ou em preto e branco? Distante ou perto? Ele está dentro de uma moldura? Se você substitui a maneira de visualizar, por exemplo, colocando cores onde estava preto e branco, ou trazendo a figura mais para perto, você não modificou o automóvel, ainda que ele exista apenas na sua imaginação. Você alterou a forma, mas não o conteúdo, modificando uma submodalidade da sua representação visual. Qual cor prepondera no automóvel? Vermelho? Você pode tornar esse vermelho mais ou menos intenso, variando de quase cor-de-rosa até a cor bordô.

---

1 MEDINA, D. *Segredos mágicos da sua mente: as chaves definitivas para o seu sucesso pessoal e profissional*. Porto Alegre: CDG, 2016, pp. 69-84.

Uma submodalidade pode ser considerada *chave, analógica* ou *digital*. No exemplo acima, a modalidade "cor" desdobrou-se nas cores do espectro de luz, em que a nova submodalidade é o vermelho, o qual, por sua vez, foi segmentado em diversas tonalidades. Quando uma submodalidade se desdobra em outras submodalidades, nós a chamamos de *submodalidade-chave*. Quando você muda uma submodalidade-chave, como no exercício anterior, você altera todas as suas submodalidades componentes.

Uma submodalidade-chave se constitui de valores absolutos, isto é, sem variações intermediárias. Por exemplo, há cor ou não há cor. Se há cor, ela pode ser vermelha, amarela, azul, verde ou tantas outras e não um valor entre cores. Se a cor é vermelha, no entanto, ela pode ir do vermelho escuro à ausência de vermelho, com infinitos valores intermediários. A experiência revela que tamanho, distância, cor e brilho são invariavelmente submodalidades-chave.

Quando uma submodalidade não apresenta graduação ou pontos intermediários, nós dizemos que ela é uma *submodalidade digital*. Se, por outro lado, apresenta infinitos valores intermediários, como um relógio de ponteiros, nós a denominamos *submodalidade analógica*.

Mapeamento de submodalidades

Significa elaborar e registrar um quadro que organizadamente defina as submodalidades utilizadas por uma pessoa diante de uma situação específica, lembrando que importam as imagens, sons e sensações da cena imaginada e não da cena real.

Submodalidades visuais:

<u>Distância</u>: Longe/perto

<u>Tamanho</u>: Pequeno/grande (não significa tamanho real do objeto e sim com o tamanho como imaginado).

<u>Local</u>: À frente/à direita/à esquerda

<u>Ponto de vista</u>: associado/dissociado

<u>Foco</u>: focado/desfocado

<u>Nitidez</u>: nítido/embaçado

Cor: colorido/preto e branco

Luz: luminoso/sombrio

Brilho: brilhante/opaco

Movimento: parada/em movimento

Velocidade: movimento rápido/movimento lento

Moldura: imagem com ou sem moldura

Submodalidades auditivas:

Origem: interna/externa

Som: sonoro/silencioso/música/ruído

Música: cena musical/cena silenciosa

Intensidade: alto/baixo/forte/fraco

Tom: grave/agudo

Balanço: desde cima/desde baixo/desde lado/difuso

Frequência: contínuo/descontínuo

Submodalidades cinestésicas:

Origem: interna/externa

Temperatura: quente/frio

Textura: áspera/lisa

Umidade: seca/úmida

Intensidade: forte/fraco

Uso simplificado de submodalidades

a) Mudanças de ponto de vista

Vá de associado para dissociado e vice-versa. Olhe de cima, de longe no espaço, a partir do chão, do ponto de vista de outra pessoa (para conseguir o que se chama de "mudança de índice referencial"), veja a imagem de cabeça para baixo etc.

b) Variação de outras submodalidades

Experimente submodalidades distintas das que foram experimentadas anteriormente (cor, movimento, profundidade e assim por diante).

c) Integração de âncoras

Use uma "âncora" de submodalidades para acrescentar um significado distinto à experiência. Exemplo: passe um filme de uma lembrança desagradável e toque um fundo musical de circo, ou faça uma imagem "florescer" dentro de outra e se tornar parte dela. Coloque uma imagem de desapontamento dentro de uma moldura luminosa e piscante.

d) Estilhaçar

Imagine a imagem desagradável sobre uma tela. Experimente estilhaçar a lembrança desagradável, verificando antes a ecologia e reservando as informações úteis que deseja guardar. Repita cinco vezes ou mais, se necessário.

e) Separar a pessoa do contexto

Procure diferentes possibilidades para separar a pessoa do contexto, como nos exemplos:

1) Pense em uma pessoa arrogante e difícil de conviver. Observe a iluminação, a nitidez, o brilho, a postura, o tamanho, a posição, os gestos e movimentos etc. Escolha, entre as submodalidades, a que mais se destacar ou chamar sua atenção, e modifique-a. Diminua, por exemplo, o brilho, a nitidez, a iluminação e o tamanho da imagem; mude a postura, suavize os movimentos, mude o ângulo de observação, de baixo para cima, de cima para baixo, dos lados, de longe, de perto etc. Verifique o que vai acontecendo com as características da pessoa.

2) Imagine aquela pessoa arrogante e autoritária no picadeiro de um circo, fazendo palhaçadas ou vestida com uma roupa justa de malabarista, com um fundo musical circense.

Exercício dirigido: exemplo de mudança

Esse exercício trabalha com as submodalidades visuais sobre uma cena desagradável ou embaraçosa. Imagine um quadro com uma situação desagradável ou embaraçosa.

Luminosidade: a cena está mais clara ou mais escura? Mude a luminosidade e veja se você se sente melhor com mais luz ou com menos luz.

Brilho: a cena está brilhante ou fosca? Modifique o brilho e deixe da forma mais agradável.

Distância: a imagem está longe ou perto? Aproxime-a ou afaste-a até uma posição em que ela incomode menos.

Movimento: a imagem possui movimento? Se não possui, coloque movimento. Se já possui, congele-a. Fique com a escolha mais agradável.

Nitidez: borre o quadro e depois limpe. Fixe a imagem que lhe agrada mais.

Localização: a cena está à direita, à esquerda ou no centro? Modifique a localização e fixe a imagem onde ela parecer menos desagradável. Se não conseguir nenhum lugar que melhore a sensação, deixe-a no lugar original.

Ponto de vista: você está associado ou dissociado? Experimente as duas situações e fique com a melhor.

O que aconteceu com suas emoções sobre a cena desagradável? Talvez já não incomode tanto, não é mesmo? Além disso, pode ser uma importante fonte de aprendizado!

Alívio da dor de cabeça

É verdade que toda dor é um sintoma e, quando persistente, merece a atenção de um médico. Todavia, algumas formas de dores de cabeça, notadamente associadas a desconfortos emocionais e situações de estresse, podem ser aliviadas com ajuda das submodalidades. Quando tiver uma dor de cabeça desse tipo, experimente o seguinte exercício:

1. Crie um símbolo visual para a dor de cabeça. Dê-lhe uma forma, use sua imaginação.

2. Coloque uma cor na figura. Se preferir, coloque várias cores. Represente a dor de cabeça com forma e cores, bem à sua frente, ocupando toda sua área de visão.

3. Imagine que esta visão está em primeiro plano à frente de uma cena de paz e tranquilidade (praia, jardim etc.).

4. Faça com que o símbolo da dor de cabeça, que ocupava o primeiro plano, se afaste lentamente em direção à linha do horizonte, deixando a paisagem que era fundo ocupar aos poucos a totalidade do quadro.

5. Tire a cor da imagem à medida que se afasta. Quando a dor de cabeça se tornar apenas um pontinho no fundo do quadro, transforme-a numa partícula de poeira que desaparece ao vento.

Exemplo: onde tem dores, coloque flores de todas as cores. Segure o ar. Assopre para fora todas as flores, de todas as cores.

Essa técnica utiliza a modificação das submodalidades e serve também para neutralizar outros processos negativos recorrentes, além da dor.

SWISH

O padrão *swish* foi desenvolvido inicialmente para tratar comportamentos automatizados e hábitos compulsivos, como roer as unhas. É uma técnica que produz resultados satisfatórios em comportamentos que não apresentem ganhos secundários[2] ou cujos ganhos secundários tenham sido resolvidos por meio de outra técnica.

Assim, sempre que o objetivo final puder ser representado por uma imagem e não houver ganho secundário o *swish* é recomendado. Os passos da técnica são os seguintes:

1) **Identifique a experiência a ser mudada:** qual a ação, reação ou hábito que se quer transformar? Identifique o contexto onde o gatilho acontece, onde os sentimentos ou o comportamento acontecem. Exemplos: fumar, roer unhas etc. Quando, onde, como etc. você faz isso?

2) **Identifique a imagem-pista (gatilho):** é a última cena externa (eventualmente interna), após a qual o comportamento se torna automático e a pessoa não o controla mais. Esta imagem deve ser grande e associada. Se a imagem for interna deve ser representada exatamente como é, associada ou dissociada. É preciso cuidado ao montar a imagem-pista. Se ela não for bastante real ou se ela não for o verdadeiro disparador do comportamento ou, ainda, se ela estiver vinculada a diversas situações diferentes além da que se pretende representar, o *swish* poderá falhar.

---

2 Ganho secundário constitui um benefício psicológico decorrente do sintoma, o que dificulta a mudança do comportamento.

3) **Identifique a imagem desejada:** é a imagem do objetivo a ser alcançado. Ao contrário da imagem-pista, a imagem desejada deve ser sempre, sem exceção, dissociada. Esta imagem deve ser construída com o máximo que a pessoa pode de si mesma, com todas as suas qualidades, tudo o de desejável que se puder imaginar e, nela, a pessoa não possui mais o comportamento a se eliminar. Deve ser uma imagem *descontextualizada*, para que o resultado não fique vinculado a uma determinada situação ou a um contexto específico. A imagem deve representar para a pessoa tudo aquilo que ela realmente deseja ser.

4) **Conecte as duas representações:** comece com a *imagem-pista*, entre no filme e permaneça nele. Coloque a imagem desejada, em tamanho pequeno, no canto inferior direito ou no centro da imagem. Quebre o estado e teste.

5) **Preparação:** quando a palavra "*swish*" for pronunciada, rapidamente faça a *imagem-pista* ir desaparecendo, ofuscando-se, movendo-se para longe, *ao mesmo tempo* em que o ponto que contém a imagem desejada fique maior, mais brilhante e mais perto, preenchendo completamente a cena.

6) ***Swish*:** faça a troca de imagens agora!

7) Repita cinco vezes, desconectando e limpando a mente a cada vez.

Teste: pense sobre o gatilho que costumava disparar em você o estado indesejado. Se ao pensar no gatilho antigo o cérebro vai para a nova imagem, significa que o *swish* foi bem-sucedido.

Exercício: Chocolate Godiva

Para transformar tarefas desagradáveis ou pouco atrativas em tarefas mais atrativas usa-se a técnica do Chocolate Godiva. O nome é relacionado a um chocolate de sabor divino, considerado uma das mais deliciosas iguarias que existem e que dá nome à técnica por simbolizar algo extremamente prazeroso. A técnica é útil para ajudar estudantes de matérias que não gostam ou profissionais, diante de tarefas insatisfatórias. Ou pessoas que querem fazer exercícios, mas não têm prazer com isto. Esse padrão utiliza uma *imagem-godiva,* isto é, uma imagem prazerosa, que não necessita ser relacionada necessariamente à alimentação, podendo ser qualquer elemento de satisfação sensorial, desde que represente um prazer intenso.

De forma dissociada, visualize a **imagem-godiva**, ou de outra iguaria altamente desejada, que compõe um círculo à sua frente. Abra o diafragma rapidamente e deixe ver por um instante a tarefa com a qual não sentia prazer. Feche o diafragma e repita o processo sete vezes. Quando a sensação desagradável começar a surgir, abra o diafragma se deixe inundar pela sensação prazerosa ligada à iguaria. Ao final, aguarde alguns minutos e faça o teste: pense na tarefa antes desagradável e observe se a sensação agradável já se estabilizou.

Conclusão

A descoberta das submodalidades acrescentou à Programação Neurolinguística maravilhosas possibilidades terapêuticas e pedagógicas. A mudança de uma submodalidade em nossa representação pode mudar não só um ponto de vista, mas uma emoção, uma crença, um valor e até mesmo um hábito.

Estudos revelam que nosso **modelo mental** *(mindset)* para verdadeiro ou falso, agradável ou desagradável, importante ou banal, claro ou confuso, e assim por diante, está associado a uma combinação de submodalidades. Por isso, **a magia das submodalidades** significa que o uso dessas técnicas é altamente eficaz para gerar transformação, que há milênios é a essência da magia.

Referências bibliográficas:

BANDLER, R. **Usando sua mente: as coisas que você não sabe que sabe**: Programação Neurolinguística. São Paulo: Summus Editorial, 1987.

MEDINA, D. **Segredos mágicos da sua mente**: as chaves definitivas para o seu sucesso pessoal e profissional. Porto Alegre: CDG, 2016.

MOHL, A. **El aprendiz de brujo: PNL**. Buenos Aires: Editorial Sirio, 2012.

LÓPEZ, S. A. C. **Curso de practitioner em PNL**. Buenos Aires: Ediciones Obelisco, 2011.

O'CONNOR, J. **Manual de Programação Neurolinguística -** PNL: um guia prático para alcançar os resultados que você quer. Rio de Janeiro: Editora Qualitymark, 2013.

Apostila de formação em Practitioner em PNL do Instituto Sabbi – Sociedade Brasileira de Desenvolvimento do Potencial Humano (SBDPH).

11

Décio Sabi

Libertando sua Mente com PNL

Posições perceptivas e Psicogeografia

É com alegria que participo desta obra abordando temas e exercícios tão importantes para a Programação Neurolinguística (PNL) e outras abordagens comportamentais. Uma das primeiras coisas que aprendemos é que cada um de nós tem seu ponto de vista. É, pois, indispensável adotar um modelo aberto de pensamento que inclua curiosidade e flexibilidade cultivando um espírito receptivo ao que vê, ouve e sente, percebe ou acredita, com abertura para identificar o que determinada situação ou fato pode lhe ensinar.

Em geral as pessoas perguntam **por que** acontece isso, por que fulano fez aquilo. Uma atitude de maior recurso é perguntar **como** as coisas acontecem. A PNL se concentra no processo de como as coisas são feitas, buscando reproduzir as ações e resultados que queremos modelar. Isso nos leva a entender a natureza dos fatos ao invés de ficar procurando justificativas e razões para o fato de as coisas não acontecerem como queremos. Ao identificarmos COMO elas acontecem, temos mais possibilidades de modificar o processo fazendo-as de modo diferente.

A realidade não se oferece clara e distintamente ao ser humano, mas é construída pelo sujeito, a partir de sua constituição biológica e genética, e de suas experiências subjetivas. Tudo o que podemos dizer do mundo, então, depende do nosso aparato perceptivo e do que nosso discurso consegue expressar, como assinalaram alguns filósofos, como Immanuel Kant, os impressionistas, Korzybski e outros, conforme vimos nos capitulos 1 e 2. Estamos habituados a ver somente a representação da ideia do objeto. As percepções são integradas a partir de vários elementos apreendidos em diferentes áreas do cérebro e unidos como num quebra-cabeça, para num resultado final compor a representação de um objeto.

Cabem aqui algumas interrogações: será que os dados fornecidos por nossos sentidos correspondem à realidade? Por que um objeto é percebido de forma diferente por sujeitos diferentes? Não existe uma realidade única, ou absoluta, mas diferentes ângulos de visão que podem ocorrer da observação de um mesmo fato ou fenômeno.

POSIÇÕES PERCEPTIVAS - Diferentes perspectivas

As posições perceptivas fornecem uma abordagem para refletirmos e avaliarmos um evento ou um resultado. Elas podem oferecer novas possibilidades de compreensão de um evento ou resultado e criar novas escolhas a partir de três perspectivas diferentes: a nossa, a de outra pessoa e a de um observador mais distanciado. Algumas vezes, nos encontramos limitados a uma dessas posições. Cada posição tem sua importância e é útil deslocar-se através delas enquanto vivenciamos nossas atividades diárias, especialmente voltado para as relações interpessoais.

Na PNL é da maior importância começar com você mesmo no seu processo de autoconhecimento e transformação, e entender o que o faz ser da maneira como é.

1ª POSIÇÃO - ASSOCIADO
Vivendo a experiência na própria pele

É quando eu me comporto como "eu mesmo" dentro da situação, sentindo a partir da própria visão que tenho do evento. Um exemplo é quando um profissional que está iniciando se espelha em outro mais experiente. Ele vai procurar identificar a forma de pensar, de se preparar e de agir daquele que é a sua referência ou modelo, para chegar naquela posição. Representamos o outro e o mundo como o percebemos, através dos nossos sentidos. Quem se limita à primeira posição "egocêntrica", foca nas suas necessidades pessoais, ignorando as necessidades dos outros, agindo como se sua percepção fosse verdadeira e absoluta.

Cada ponto de vista é a vista de um ponto. Por isso certas pessoas reagem a um tipo de situação geralmente da mesma forma, repetindo os mesmos padrões.

2ª POSIÇÃO – OBSERVADOR
Posição de sabedoria oriental ou de *rapport*

Vemos o mundo através do ponto de vista do outro. Colocamo-nos na posição da outra pessoa, fazendo o possível para pensar e agir da mesma forma que essa pessoa, colocando em segundo plano nossas próprias necessidades e podemos ter acesso a aspectos significativos de como essa pessoa age, mesmo que sejam atitudes inconscientes.

3ª POSIÇÃO – DISSOCIAÇÃO E METAPOSIÇÃO
Posição de sabedoria ocidental e do diretor de teatro.

Vemos a situação como um observador não envolvido, sem julgamento. É quando nos deslocamos para fora do ambiente e observamos de longe o 1º e o 2º personagens interagindo. Quem vive exclusivamente nessa condição é visto com uma pessoa indiferente e desinteressada, que não assume nenhuma causa, dissociada, distante. Apenas percebemos e registramos todo o processo.

Exercício de posições perceptivas

Você pode usar essas posições para examinar uma situação presente, revisar um evento no passado ou para se preparar para um evento no futuro, gerando novas possibilidades de interpretar os fatos e de agir com mais recursos, ampliando assim a sua maturidade emocional.

1. Lembre-se de algo marcante em sua vida, em que conversa com outra pessoa. Você é seu próprio espectador, sem julgamento de suas ações.

Veja, ouça e sinta com riqueza de detalhes o que aconteceu através dos seus próprios olhos, ouvidos, sensações e emoções. Pense no que é importante para você, no que quer alcançar naquela situação. Reflita sobre o que você ouviu, falou, como agiu e reagiu, seus movimentos e tudo o que percebeu daquele momento. Observe a sua *performance* como ator daquela história. Revise novamente a cena de olhos fechados e refaça o percurso.

2. Ao terminar, abra os olhos, corra os olhos pela sala, levante-se, estique seu corpo – isso é chamado de interrupção ou quebra de estado, com a intenção de limpar a sua mente das representações internas do evento.

3. Feche os olhos e coloque-se no lugar do outro, vivendo as sensações da outra pessoa que está diretamente envolvida nos fatos. Quem era ela, como começou, e como prosseguiu, sua linguagem corporal, suas emoções, como reagiu, o que foi que ela disse pra você. Assuma o papel do outro ator, sua fisiologia, experimente os seus sentimentos, vestindo-se com a pele do outro ator e rode a mesma cena até o final, olhando tudo da perspectiva do outro. Isso estimulará o desenvolvimento de sua empatia. Como essa pessoa veria você, da perspectiva dela. Em que ela acredita?

As pessoas que conseguem realizar essa atividade com maior facilidade são as mais empáticas, com maior facilidade de se colocar no lugar do outro e por consequência possuem uma maturidade e inteligência emocional mais desenvolvida.

4. Quando estiver pronto, abra seus olhos, olhe pela sala, levante-se e se estique. Você aprendeu alguma coisa sobre você?

5. Reveja a cena como sugerido na primeira posição e compare-a com a segunda.

6. Agora veja e ouça você e a outra pessoa contracenando ao longe como se você fosse uma 3ª pessoa, um telespectador, de fora daquele contexto, observando de uma perspectiva distanciada, separada do contexto e sem ligação afetiva ou emocional com aquelas duas pessoas. Observe como eles se relacionam, o que eles dizem e fazem. A partir dessa outra perspectiva, note as expressões faciais, a linguagem corporal, os gestos, o tom de voz e as palavras. Você pode perceber como a situação pode

ser percebida de forma diferente? Abra seus olhos, olhe em torno da sala, fique de pé e se estique. O que você aprendeu sobre você mesmo?

Avaliando a diferença - Como foi reviver as suas emoções na primeira posição, como foi olhar o acontecimento da perspectiva da outra pessoa envolvida, e também como foi olhar o caso como um observador imparcial externo? Como seria olhar de uma quarta posição, ainda mais distante? Experimente repetir este exercício algumas vezes e note o que percebe e aprende.

Agora vamos aprofundar o tema com um exercício em que podemos agregar recursos e possibilitar transformações pessoais.

Exercício: Psicogeografia – modelo ROLE

1. **O guia coloca três folhas papel no chão:** OBSERVADOR, SITUAÇÃO e RECURSOS.

2. **O guia diz ao sujeito:** A partir da posição de observador, identifique uma situação atual em que você está experimentando dificuldades ou desconforto.

3. **O sujeito responde ao guia** brevemente o que acontece nesta situação, com o grau de detalhamento que acha adequado.

4. Guia: "**Entre no espaço da situação** desconfortável e perceba sua fisiologia, o que vê, ouve, sente e o que acredita quando está vivenciando a situação. Faça uma medida subjetiva do grau de desconforto que você experimenta na situação, de 0 a 10, colocando uma palma voltada para cima representando o ponto mínimo e a outra mão assinalando o nível de desconforto".

5. Guia: "**Vá para o espaço de observador** e como se fosse outra pessoa observe a situação e responda: Que recursos seriam úteis na situação, e com eles se sentiria com mais domínio da situação? (por exemplo: ...criatividade, confiança, capacidade de decidir, motivação)".

Lembre-se de um momento na sua vida em que experimentou fortemente a sensação de ter este recurso. O que viu, o que ouviu, o que disse a si mesmo e como se sentiu nessa ocasião?

Imagine alguém que você conhece ou pensa que teria esses recursos e poderia lidar bem com essa situação. Pode ser um herói imaginário ou um mestre que tenha esse recurso. O que ele viu, o que ouviu, o que disse a si mesmo e como se sentiu nessa ocasião? Experimente este recurso como se fosse ele.

6. **Guia: "Vá agora para o espaço de Recursos**, imagine a si mesmo ali vivendo o momento em que teve acesso a este recurso. Vivencie-o como se fosse o personagem que o inspira, com os recursos como se estivesse na pele dele. Perceba o que vê, ouve e sente e no que acredita, atento a sua fisiologia. Associe-se nesta experiência de recursos, como se a estivesse vivendo agora".

7. O guia e o observador notam as pistas sensoriais associadas ao recurso, como postura, movimentos oculares e gestos e as diferenças mais significativas experimentadas no espaço da situação e no espaço de recursos.

8. No momento pico da experiência de recursos faça um gesto e pense numa palavra, ancorando-se com eles.

O guia pode ancorar o sujeito tocando-lhe o ombro, ao mesmo tempo.

9. O guia conduz o sujeito, de olhos fechados, e mantendo o gesto de âncora, até o espaço da situação, e assim o sujeito leva simbolicamente o recurso ancorado. Em seguida solta as âncoras. Então o guia pergunta: "Qual o grau de satisfação agora? De 0 a 10?"

10. O guia conduz o sujeito ao espaço do observador e diz: "Agora você está dissociado e pode ver você naquela situação. O que ele vê, ouve, diz a si mesmo e sente? Que recurso você acha que ele precisa para ficar ainda melhor?"

11. Repita os procedimentos anteriores, até que o sujeito alcance um grau de satisfação acima de 9, demonstrado com as mãos. Pergunte se está satisfeito e se estiver, diga: "Agora vamos fazer uma ponte ao futuro. Imagine como se sentirá, o que verá e ouvirá nas próximas vezes em que a mesma situação o desafiar. Viva a situação já com os recursos, de forma inteira, congruente.

12. Uma vez que o sujeito fique congruentemente satisfeito, celebre a

transformação com afeto e alegria. O guia e o observador podem abraçar o sujeito como se estivessem no futuro e dizer algo como: "Eu sabia que você ia conseguir. Você merece ser feliz. Você é competente. Estamos felizes por você".

Papéis nos exercícios de PNL

A PNL é uma abordagem prática que tem como objetivo o aprimoramento de habilidades pessoais. O aprender surge do fazer. Os exercícios devem ser feitos sempre utilizando *rapport*, com parceiros diferentes, exercitando seu poder de adaptação e flexibilidade. Na prática da PNL, consideramos que não existem erros, apenas *feedbacks*, resultados, que podem ser aprimorados gradativamente, com a prática. O aprendiz é orientado a seguir literalmente os passos dos exercícios, primeiramente dominando a técnica e desenvolvendo habilidades, para depois adaptar ao seu estilo. A maioria dos exercícios é feita em grupos, que assumem três posições:

GUIA – O guia, o programador conduz o exercício passo a passo, sempre atento às pistas verbais e não verbais do sujeito e mantendo a conexão e o *rapport* com o sujeito. O guia faz o melhor que pode para conduzir o exercício, atua como uma espécie de ator, que "faz de conta que domina a técnica". Corresponde ao papel de professor, terapeuta ou consultor.

SUJEITO – É quem vai experimentar, vivenciar e explorar em sua própria experiência, permitindo ser auxiliado através do exercício conduzido pelo guia. É o explorador de si mesmo e experimentará os papéis do exercício de forma mais natural possível, sem dificultar nem facilitar, como faria uma pessoa não familiarizada com a PNL. Além de experimentar a técnica, contribui para o aprendizado do guia e do observador.

OBSERVADOR – Coloca-se no lugar de observador ativo, auxiliando o guia quando necessário. Acompanha a sequência dos passos do exercício atento ao comportamento verbal e não verbal do guia e do sujeito, treinando sua acuidade sensorial. Fornece *feedback* baseado em dados sensoriais. Cronometra o tempo do exercício, assinalando à medida que o tempo passa.

Quando o aprendiz passa por estas três posições, experimenta três perspectivas que se complementam. Com isto ele se prepara para ter uma visão mais inteira do processo e internaliza os passos do exercício, para na maioria deles poder fazer uma autoaplicação posterior. Então, o caminho para quem quer autoaplicar os exercícios é passar sempre pelas três posições básicas, como o sujeito ao qual a técnica é aplicada, o guia que a aplica e o observador que observa a aplicação e a interação do guia e do sujeito.

Referências bibliográficas:

BANDLER, R. **Usando sua mente.** As coisas que você não sabe que sabe. Programação Neurolinguística. São Paulo: Summus Editorial, 1987.

MEDINA, D. **Segredos mágicos da sua mente**. As chaves definitivas para o seu sucesso pessoal e profissional. Porto Alegre: CDG, 2016.

MOHL, A. **El aprendiz de brujo**. PNL. Buenos Aires: Editorial Sirio, 2012.

LÓPEZ, S. A. C. **Curso de practitioner em PNL.** Buenos Aires: Ediciones Obelisco, 2011.

O'CONNOR, J. **Manual de Programação Neurolinguística**. PNL: um guia prático para alcançar os resultados que você quer. Rio de Janeiro: Qualitymark Editora, 2013.

12

Lourdes Costa

Libertando sua Mente com PNL

Metamodelo – a arte das perguntas precisas

Sempre pensei que a comunicação era algo simples e fácil, mas através do estudo do metamodelo no Practitioner percebi que a comunicação possui muitos níveis, e tem uma complexidade e riqueza que integram comunicação verbal e não verbal, além de perceber que a comunicação ocorre em dois níveis da mente, superficial e profundo.

Os padrões de metamodelo foram desenvolvidos por Grinder e Bandler, num dos primeiros livros da PNL, "A Estrutura da Magia", e tem uma direção inversa de alguns padrões de linguagem hipnótica que Milton Erickson utilizava, pois, enquanto estes padrões de linguagem hipnótica generalizam as informações indo do particular para o geral, o metamodelo especifica, partindo do geral e buscando a informação particular, a informação mais completa. Quando metamodelamos a nós mesmos, vamos, num grau crescente de introspecção, tendo acesso a coisas que estavam ocultas em nossa estrutura profunda, subconsciente.

A Estrutura Superficial (ES) está na parte visível do *iceberg*, ou seja, as palavras, e a maioria das pessoas presta apenas atenção a isto. Mas sabemos que o que está oculto, a estrutura profunda (EP), inclui muitas vezes as intenções de quem fala, consciente e inconscientes, impulsos, emoções, sentimentos, propósitos, valores e crenças e a identidade profunda da pessoa, muitas vezes difíceis de termos acesso direto. O metamodelo é um conjunto explícito de ferramentas de coleta de informações destinado a reconectar a linguagem da pessoa à experiência que é representada pela linguagem. Conscientemente ou não, a pessoa oculta, omite ou distorce a expressão do que quer comunicar, incluindo o seu sentido mais profundo. Então a EP é o conjunto completo de dados disponíveis em nossa representação a respeito da experiência, que inclui até mesmo elementos inconscientes. Ao fazer uma pergunta específica, vamos, além de buscar uma informação mais precisa, também ampliar a consciência do interlocutor a respeito do que está falando. O metamodelo nos possibilita nos comunicarmos de maneira mais clara, precisa, direta, objetiva e rápida. Mas é ainda um modelo e, como tal, não representa nenhuma verdade absoluta. É uma ferramenta que deve ser bem utilizada para que possa ser útil.

Como já vimos, a passagem da EP para a ES se dá por meio de padrões linguísticos, classificados em três filtros: omissão, generalização e distorção.

O caminho contrário, passar da ES para a EP, é feito através de perguntas que visam aumentar a especificação de pontos obscuros ou imprecisos. Essas perguntas são também denominadas *desafios*, que buscam recuperar dados da EP, como meio de enriquecimento da comunicação.

Os dados apreendidos pelos nossos sentidos sofrem ao longo da cadeia bioelétrica da neurotransmissão aferente sucessivos processos de seleção e transformação.

São esses processos que nos habilitam a produzir internamente representações organizadas de nossas experiências externas – V/A/C/O/G. Permitem-nos até mesmo criar representações internas independentes da realidade externa – fantasias e dissociações.

À medida que crescemos e aprendemos a falar com nossos pais, começamos a vincular as representações internas que fazemos a um código simbólico, histórica e socialmente determinado, nossa língua falada – e posteriormente escrita.

A linguagem verbal vem a ser, pois, a representação mental de nossas experiências: o modelo de mundo. Existe, portanto, um processo de redução entre nossas experiências reais – na verdade inacessíveis diretamente

– e as representações que fazemos dessas experiências, cujo conjunto vem a ser o que chamamos de nossa "história pessoal".

Ocorre uma redução drástica entre a experiência como se apresenta acessível ao processamento cerebral e esta mesma experiência como nosso idioma nos permite representar em código verbal.

Temos, ainda, uma redução importante entre nossa representação verbal completa da experiência e a expressão verbal simplificada – escrita ou falada – desta representação.

O desafio do metamodelo é uma forma de questionamento cujo maior valor está na exatidão. Ao utilizá-lo, você estará fazendo a escolha de se basear em informações colhidas em vez de pressupor, traduzindo as palavras do interlocutor para sua própria experiência subjetiva.

Ao fazer os exercícios o sujeito decora a frase e a diz olhando para os olhos do guia, com naturalidade. Ao desafiar, o guia deve usar *rapport*, dizer o nome do sujeito, usar um tom de voz macio, mantendo a atenção no objetivo de cada desafio, de maneira descontraída, mas direta e precisa. De tempos em tempos repete precisamente algumas das palavras ditas pelo sujeito.

Suavizadores

Quando fazemos as perguntas do metamodelo, o uso de suavizadores torna a linguagem mais leve, natural, agradável e respeitosa, facilitando a manutenção do *rapport* e a sintonia. Alguns exemplos de suavizadores são:

– Eu gostaria de saber...

– Você se importaria de me dizer...

– Eu imagino como seria se...

– Eu fico me perguntando se...

– Estou curioso para saber...

Padrões de generalização

1. Quantificadores universais:

A partir de termos como: **sempre, nunca, todos, nenhum, nada, tudo**. São situações que podem ter ocorrido uma, duas ou três vezes e a pessoa generaliza como se ocorresse sempre ou nunca.

Exemplos:

a) Ninguém fala comigo, todos fogem de mim.

b) Sempre dá tudo errado.

c) Nenhum homem presta.

d) O carioca gosta de Carnaval.

e) As mulheres são curiosas.

Desafios:

a) Será que não há uma pessoa que fale com você? (pausa) Será que não há alguém que não fuja de você?

b) Você quer dizer sempre, tudo mesmo?

c) Todos eles, sem exceção?

d) Como você sabe especificamente? (pausa) Você acredita mesmo que cada um dos milhões de cariocas gosta da folia do Carnaval?

e) Você acha mesmo que todas as mulheres do planeta são curiosas? (pausa) Você conhece todas elas? (pausa) Já soube de alguma que não fosse curiosa?

2. Operadores Modais (OM):

Tudo o que denota necessidade ou negação de possibilidade, como: **tenho que, devo, posso, não posso, sou obrigado a, é necessário, é impossível, eu não consigo** etc.

Exemplos:

a) Tenho que voltar para casa às 10 horas.

b) Você tem de me ouvir.

c) Não consigo fazer isto.

d) É impossível falar com meu chefe.

e) Não posso me concentrar no meu trabalho.

   Desafios:

a) O que aconteceria se você não chegasse nesse horário?

b) Como eu tenho de ouvi-lo? E se eu não ouvi-lo, o que acontecerá?

c) O que o impede de fazer isso? (pausa) O que aconteceria se fizesse?

d) O que impede você de falar com ele? (pausa) O que aconteceria se falasse?

e) O que impede você de se concentrar? (pausa) O que aconteceria se se concentrasse?

   Lembre de usar sempre os suavizadores em cada desafio.

Padrões de omissão

3. Omissão Simples (OS):

Omitem-se as circunstâncias que acompanham a ação. A bem da verdade, qualquer frase comete uma omissão simples.

   Exemplos:

a) Estou cansado.

b) Estive fora.

c) Estou com raiva.

d) Não sei.

e) Estou magoado.

   Desafios:

a) Cansado como?

b) Você poderia dizer onde esteve?

c) Raiva de quem? (pausa) De quê?

d) O que especificamente você não sabe?

e) Magoado com o que especificamente?

4. Omissão Comparativa (OC):

Descreve-se uma possível comparação sem mostrar um dos lados.

Exemplos:

a) Este açúcar rende mais.

b) Aquele aparelho é mais barato.

c) O gesto dela não foi nada elegante.

d) A disciplina lá na empresa é bastante rígida.

e) Ele é mais inteligente.

Desafios:

a) Rende mais do que qual?

b) É mais barato do que qual outro aparelho?

c) Comparado com o gesto de quem, especificamente?

d) Bastante rígida em comparação com o que especificamente?

e) Mais inteligente do que quem?

5. Falta de Índice Referencial:

Há falta de especificação do sujeito, do objeto, dos complementos, mas não das circunstâncias. Usam-se palavras como: **a gente, nós, eles, alguém, as pessoas** etc.

Exemplos:

a) As pessoas não entendem.

b) Venderam a casa.

c) Isto não é certo.

d) As pessoas me amedrontam.

e) Os carros são perigosos.

Desafios:

a) Quem especificamente não entende e o que não é entendido?

b) Quem vendeu a casa? De que casa está falando?

c) O que especificamente não é certo?

d) Que pessoas especificamente amedrontam você?

e) Que carros especificamente são perigosos?

6. Verbos Inespecíficos (VI):

Em princípio, todo verbo é inespecífico. Só que alguns são mais que outros: perceber, observar, acarinhar, agredir. Situações apresentadas por verbos inespecíficos podem ser esclarecidas pelas informações de circunstâncias.

Exemplo:

a) Você me desrespeitou.

b) Meu companheiro(a) me magoa.

c) Meu chefe me deixa frustrado.

d) Minha mãe me chateia.

e) Percebo meu erro.

Desafios:

a) Desrespeitou como? quando? onde?

b) Como especificamente seu companheiro(a) magoa você?

c) Como especificamente seu chefe deixa você frustrado?

d) Como especificamente sua mãe chateia você?

e) Como especificamente você percebe seu erro?

7. Nominalização ou Substantivação (NO):

Transformar verbos em substantivos. Neste caso, o processo ou a ação ficam omitidos. O ouvinte ou receptor da comunicação, quando não desafia, faz inconscientemente sua própria especificação do processo, cometendo uma distorção.

Exemplos:

a) Faltou compreensão da sua parte.

b) Quero amor.

c) A decisão está tomada.

d) Há uma frustração na minha vida.

e) A minha confusão está terrível.

Desafios:

a) Como você espera ser compreendido?

b) Você quer ser amado por quem? (pausa) De que maneira?

c) Sobre o que especificamente você está decidindo?

d) O que especificamente está frustrando você?

e) O que especificamente está confundindo você?

Padrões de distorção

8. Leitura Mental (LM):

Presunção de que se saiba o que o outro pensa, sente, ou quais suas intenções.

Exemplos:

a) Ele não gosta de mim.

b) Sei que ele me odeia.

c) Eu sei que ela gosta dele.

d) A secretária já chegou com vontade de chorar.

e) Eu sei o que é melhor pra ele.

Desafios:

a) Como você sabe que ele não gosta de ti?

b) Como especificamente você sabe que ele o odeia?

c) Como você sabe especificamente? (pausa) Ela disse isso para você?

d) Como você pode afirmar isso exatamente?

e) Como especificamente você sabe o que é melhor pra ele?

9. Causa e Efeito (CE):

Pretender que uma causa externa tenha efeito interno em si. Assumir que uma coisa causa outra.

Exemplos:

a) Seu modo de falar me irrita.

b) Na presença dela eu fico tímido.

c) O resultado do teste deixou-me feliz.

d) Você fazer barulho me incomoda.

e) Tu me irritas.

   Desafios:

a) De que maneira irrita?

b) De que maneira a presença dela te intimida? Alguma vez ela esteve presente e você não ficou intimidado?

c) Como precisamente o resultado do teste lhe trouxe felicidade?

d) Como o fato de eu fazer barulho te incomoda?

e) Como especificamente eu te irrito?

10. Equivalência Complexa (EC):

Supor que duas coisas diferentes tenham o mesmo significado. De um modo geral, a primeira vem de uma leitura de mente e a outra tenta justificá-la. A diferença principal entre equivalência complexa e causa e efeito está no peso dado às duas situações, a da causa e a do efeito. Na equivalência complexa ambas têm a mesma importância, enquanto na causa e efeito uma tem mais força que a outra.

   Exemplos:

a) Ela não gosta de mim; nem me telefonou.

b) Quando minha filha levanta a voz, está com raiva de mim.

c) O chefe não gosta de mim, ele ainda não decorou o meu nome.

d) Sei que ela concorda comigo, pois não disse uma só palavra.

e) O mestre não gosta de mim, ele corrige minhas lições.

   Desafios:

a) Quando você não telefona para alguém é porque não gosta dele?

b) Sempre que ela levanta a voz significa que está com raiva?

c) Você já decorou o nome de alguém de quem não gosta? Já teve dificuldade de gravar o nome de alguém simpático?

d) Você já discordou de alguém e permaneceu calado?

e) Quando gosta de alguém, você cuida ou não desse alguém?

11. Execução Perdida ou autoria perdida (EP):

Há uma declaração de valores apresentados como universais, cujo autor desapareceu. Geralmente há um verbo no infinitivo, claro ou oculto.

Exemplos:

a) (Comer) Manga com leite faz mal.

b) Chorar faz bem ao bebê.

c) É errado ser teimoso.

d) O álcool reduz o *stress*.

e) É verdade.

Desafios:

a) Quem disse isso?

b) É opinião de quem?

c) É errado para quem ser teimoso?

d) O álcool reduz o *stress* para quem?

e) Para quem é verdade, precisamente?

O metamodelo pode ser considerado uma das mais valiosas ferramentas da PNL. É aplicável a qualquer comunicação humana.

Ele não busca apenas encontrar as respostas precisas, mas ter uma boa compreensão do modelo de mundo de seu cliente, além de expandir a consciência dele em relação à sua própria comunicação.

É uma ferramenta poderosa e útil; no entanto, exige prática para dominar o processo de questionamento e este deve sempre ser feito com alto grau de *rapport* e com o uso de suavizadores - sem que o cliente sinta-se pressionado e, sobretudo, criando meios para ele sentir-se confortável e seguro.

Dicas para utilizar o metamodelo eficientemente:

1. O SUJEITO lê, memoriza, fala olhando para o companheiro simulando um diálogo real.

2. O GUIA chama o parceiro pelo nome no início de cada frase, lê, memoriza e faz o desafio, usando os suavizadores, com *rapport* e um tom de voz macio e uma velocidade de fala moderada.

3. Quando ouvir o nome, o observador fica atento à interação do Sujeito e do GUIA.

4. Todos mantêm a atenção no objetivo de cada desafio. Use o tempo que for necessário, de maneira descontraída, direta e precisa.

7. De quando em quando, repita as palavras dele(a); assegure-se que sejam exatamente as mesmas palavras que foram usadas.

8. Se o SUJEITO não sabe onde começar, você poderá oferecer-lhe um 'menu' desde que: exista uma longa demora antes dele(a) começar a falar; o comportamento não verbal do sujeito indica que ele(a) não tem uma representação interna do que falar; ele(a) parece estar entrando em um estado de confusão (e você quer evitar isso).

Referências bibliográficas:

BANDLER, R.; GRINDER, J. **A Estrutura da Magia**. Zahar Editores.

CHUNG, T. **A qualidade começa em mim**. Editora Maltese, 1996.

ANDREAS, S.; FAULKNER, C. **PNL: A Nova Tecnologia do Sucesso**. Editora Campus-Elsevier.

ROBBINS, A. **Poder sem Limites**. Editora Best Seller.

O'CONNOR, J.; SEYMOUR, J. **Introdução à Programação Neurolinguística**. Summus Editorial.

13

Diego Wildberger

Libertando sua Mente com PNL

Hipnose ericksoniana e padrões de linguagem hipnótica

É com alegria que aceito o convite do amigo Deroní Sabbi para escrever este artigo.

Uma comunicação eficiente está baseada, na maioria das vezes, na habilidade com a qual o comunicador conduz e influencia decisões.

Quando nos deparamos com a palavra "hipnótica" do nosso título automaticamente nos remetemos ao termo hipnose e já pensamos em alguém inconsciente, dormindo ou fazendo coisas de *show* ou espetáculo. Na verdade a hipnose é um estado mental que pode ocorrer naturalmente ou induzido por alguém. Sim, todos nós hipnotizamos, somos hipnotizados e nos auto-hipnotizamos diariamente através da comunicação verbal ou através dos nossos próprios pensamentos. Acredito que neste momento tenha dado um nó sobre o que pensa a respeito da hipnose, certo? Mas estamos aqui para entender como isso funciona, e como as palavras são utilizadas para levar as pessoas, através de uma conversa, a um estado de transe natural.

Hipnose Ericksoniana

Os padrões de linguagem hipnóticos ou Modelo Milton, como também são chamados, ficaram conhecidos depois que Richard Bandler e John Grinder, cocriadores da Programação Neurolinguística (PNL), por sugestão de Gregory Bateson, começaram a estudar o método de trabalho de um médico, psiquiatra americano, chamado Milton Erickson, hoje mundialmente conhecido como pai da Hipnose moderna, naturalista ou Ericksoniana, e o que ele fazia para ter excelência em sua área, principalmente ao realizar hipnoses conversacionais com o objetivo de flexibilizar crenças limitantes e mudanças positivas em quem o procurava.

Fizeram várias investigações sobre processos verbais e não verbais que Erickson utilizava e descobriram padrões que ele mesmo desconhecia, influenciando diretamente a forma como a PNL foi desenvolvida e fazendo com que os treinamentos originais de PNL fossem desenvolvidos e fundamentados com a utilização dos padrões de linguagem de Erickson com o objetivo de proporcionar uma capacidade pessoal de se comunicar de forma mais efetiva e também para realizar mudanças.

A maneira com que Erickson trabalhava era completamente diferente dos métodos tradicionais e quase nunca se assemelhava com o que é considerado um transe hipnótico formal e da hipótese clássica. Falava frases aparentemente sem sentido, contava histórias, sempre eliciando estados com quem conversava, gerando diálogos internos e algumas vezes deixando perguntas e histórias inacabadas ou sem resposta, sempre entrando no modelo de mundo dos seus clientes para juntos buscarem recursos internos que até então não sabiam como acessar.

Diferenciando-se da metamodelagem, que tende a abrir a comunicação, reunindo informações e tornando-a mais específica para entender melhor o mapa da realidade de outra pessoa, a linguagem hipnótica de Erickson, de maneira inversa, tende de maneira estratégica a reduzir este detalhamento e deixar a comunicação completamente vaga e aberta, contornando as resistências do paciente e evitando frases diretas, usando uma linguagem respeitosa, não invasiva, ambígua e incompleta, dando a oportunidade de o sujeito encontrar seu próprio significado na comunicação, e que ao mesmo tempo seja aceitável por diversas pessoas.

Modelo Milton

Dentro do Modelo Milton temos muito para explorar, sendo este um tema bastante vasto, mas por enquanto podemos destacar 11 tópicos principais que ajudam na criação da linguagem hipnótica.

Seguindo as fenomenologias naturais da hipnose citadas anteriormente podemos citar três grandes grupos dentro do Modelo Milton: **Omissão, Generalização e Distorção**, que são os meios pelos quais interpretamos nossas experiências subjetivas diárias transformando-as em linguagem onde podem ser utilizados para deixar a comunicação mais vaga para que o sujeito consiga acessar seus próprios recursos inconscientes, levando a uma busca interna e subjetiva, trazendo o melhor significado para ele.

Omissão

A omissão acontece quando damos mais valor ou atenção para alguns detalhes na nossa experiência/diálogo do que para outros.

1) **Omissão simples:** o locutor estrategicamente oculta determinadas informações para que sejam subentendidas ou ignoradas pelo sujeito.

"Você pode aprender confortavelmente..."

"Você está pronto para ouvir enquanto descansa..."

"Assim se torna mais fácil de aprender..."

2) **Verbos não específicos:** a forma como a ação acontece não é específica ou explicada.

"Estaremos realizando novos projetos nos próximos dias..."

"À medida que fizer sentido do seu jeito..."

"Você agora consegue perceber as mudanças no seu corpo..."

3) **Índice referencial não-específico:** índices de referência são deixados de lado fazendo com que o sujeito preencha as lacunas da melhor forma.

"Existem pessoas que significaram muito para você..."

"Muitas pessoas acham fácil relaxar ouvindo música..."

"Alguns clientes deixaram um excelente *feedback*..."

4) **Omissão comparativa:** as relações de comparação são omitidas.

"Você se sente mais curioso enquanto continua esta leitura..."

"Neste ambiente você pode se sentir mais confortável..."

"É fácil aprender enquanto relaxa..."

5) **Nominalização:** transformamos o verbo em substantivo intensificando uma comunicação vaga.

"Você está construindo novas amizades tranquilamente..."

"Seu relaxamento e seu conforto aumentam a facilidade de sua aprendizagem..."

"Ir aprendendo inconscientemente se torna mais vantajoso..."

Generalização

Ocorre quando damos conclusões generalizadas baseadas em algumas poucas experiências e que passam a representar outras de mesma categoria.

6) **Operadores modais de possibilidade:** aqui é dito o que se pode e é capaz de fazer, sugerindo possibilidade ao invés de obrigação.

"Você pode ser mais bem-sucedido..."

"Você é capaz de interiorizar mais intensamente sua experiência..."

"É possível perceber as pequenas mudanças de temperatura..."

7) **Operadores modais de necessidade:** afirma-se o que precisa ou o que deve fazer, excluindo as possibilidades.

"Você deve agarrar oportunidades se deseja ser o melhor..."

"Você tem que terminar os seus projetos..."

"É preciso dormir cedo..."

8) **Quantificadores universais:** utilizam-se palavras como "todos, sempre, nunca, qualquer", aumentando o espectro da comunicação.

"Tudo que está disponível em algum lugar de seu inconsciente..."

"Sempre que você se sente assim você nunca relaxa..."

"Todas as habilidades que precisa são possíveis de desenvolver..."

Distorção

Surge quando realizamos mudanças em nossa experiência sensorial e despercebemos alguns detalhes da realidade representando-a de maneira incorreta ou limitadora.

9) **Equivalência complexa:** é dito que uma situação é igual à outra.

"Ao sentar naquela cadeira significa que vai relaxar profundamente."

"Se você não fala muito é porque não sabe muito."

"Ela não está olhando para mim, por isso não está me ouvindo."

10) **Leitura mental:** adivinhar o que a outra pessoa está pensando/sentindo e sugestionar.

"Você pode perceber isso enquanto se torna mais curioso..."

"Você vai ficando mais interessado enquanto conhece mais..."

"Agora sei que seu inconsciente pode promover um estado de paz..."

11) **Causa e efeito:** diz-se que uma coisa causa a outra.

"A cada expiração que você tem pode sentir seu corpo mais pesado..."

"O que comi hoje pela manhã me deixou com mais disposição..."

"À medida que você se concentra menos as coisas incomodam..."

Padrões complementares

Para que possamos ter um aprendizado mais profundo sobre a linguagem hipnótica vamos conhecer outros padrões dela, que também são chamados distraidores.

Padrões de condução indireta

1. Utilização e incorporação

Interferências externas notadas pelo locutor são utilizadas de maneira a incorporar o estímulo na indução hipnótica levando a comunicação para um nível ainda mais profundo de transe.

Exemplo: "O som monótono do ar-condicionado ajuda você a relaxar cada vez mais profundamente". "O ruído que vem de fora da sala ajuda você a perceber que apesar disto você é capaz de relaxar ainda mais profundamente."

2. Marcação analógica

Podemos, através da modulação da voz, mudar timbre, volume, direcionamento, altura e outras características da voz de maneira a colocar comandos embutidos numa frase de maneira tão sutil que apenas a mente inconsciente perceberia a mudança. Realizar movimentos com a cabeça e às vezes sincronizar com gestos pode potencializar o efeito das marcações. O que está em negrito é a parte que queremos que a mente inconsciente absorva e isso é muito importante quando utilizamos comando e perguntas embutidas.

Exemplo: "Você pode perceber que nem **precisa fechar os olhos** para começar a relaxar **enquanto me ouve**".

3. Comandos embutidos

Procuram atenuar ou suavizar o impacto frontal de um comando ou sugestão, em que de maneira sutil elimina-se a resistência do sujeito. A instrução hipnótica é inserida de maneira permissiva, indireta e vaga.

Exemplo: "Talvez comece a perceber o quanto **é importante e fácil** conseguir se sentir relaxada".

4. Perguntas embutidas

É possível embutir perguntas dentro de afirmações ou num comentário de maneira disfarçada e elegante para obter uma resposta interna no sujeito de forma indireta ou para ajudar alguém a mudar seu estado.

Exemplo: "Fico imaginando o quanto você **já aprendeu ao ler este livro (?)** e me pergunto o **quanto tem aplicado no seu dia a dia (?)**. /"Fico pensando se..."/ , "Estou curioso para saber se"/

5. Comandos negativos

O cérebro tende de maneira primária a interpretar primeiro o que é positivo para depois interpretar uma negação. Para não pensar primeiro precisamos pensar, sendo assim, quando dizemos algo negativo o ouvinte num primeiro momento tende a se fixar no que é positivo. Há pouco fizemos uma combinação de negação com uma pergunta embutida, qual foi a sua primeira reação de resposta, talvez concordar comigo, não foi mesmo?

Exemplo: "Não **pense** num macaco cor de rosa"."Não mergulhe mais fundo à medida que falo..."

6. Pressuposições comportamentais

Através de comportamentos não verbais podemos induzir alguém a uma interpretação que desejemos.

Exemplo: olhar para o relógio para apressar alguém. Ao iniciar uma aula e colocar a projeção na parede, apontar para os interruptores de luz. Ou olhar para cima fazendo com que outros olhem também.

Recomendamos um cuidado com este padrão e fazê-lo com sutileza.

7. Perguntas finais

É uma forma de conseguir uma aprovação inconsciente do sujeito adicionando perguntas no final de uma frase, não é? Observe como elas permitem uma concordância automática do sujeito.

Exemplo: "Você já consegue notar as vantagens dessas perguntas, percebe isso?"

"Quanto mais você aprende sobre esses padrões mais se torna curioso para começar a aplicá-los, não é?"

Também podemos utilizá-las para promover uma confusão mental, distrair a mente consciente e guiar a pessoa de maneira diferente no tempo. Exemplo:

"Você pode perceber isso, não pôde? Sem notar que esteve em transe, não está? E assim é fácil, não foi?"

8. Ambiguidade ou duplo sentido

São construções linguísticas ambíguas que trazem material subliminar para distração da mente consciente e comunicação com a mente inconsciente.

8.1 - Fonética

Podemos utilizar palavras com mesma fonética e significados para mudar o sentido da mensagem e comunicar melhor com a mente inconsciente. Exemplos: "O avião deve aterrar a qualquer momento." (Aterrar = causar terror/aproximar-se do solo.)

"A rede caiu." (Rede de deitar, rede de *internet*, rede elétrica.) "O conserto/concerto iniciará em instantes."

8.2) Sintática

O contexto não torna a mensagem clara e cria duplicidade de sentido.

Ex.: "Eu vi seu irmão no carro."

"Sinto o entusiasmo correndo."

8.3) De escopo

Esse padrão obscurece o que realmente é dito por suas frases.

Exemplo: "Os alunos falam dois idiomas." (Eles falam o mesmo idioma, ou dois idiomas diferentes cada um?)

"Falando com você como pessoa inteligente." (Quem é inteligente? Você? Eu? Nós dois?)

8.4) De pontuação

Essas são criadas quando as pontuações são ocultadas as frases se fundem faz-se útil quando queremos fazer alguma confusão mental no mundo real provavelmente passaria despercebido.

Exemplo: "Há muitos detalhes praticar de forma constante uma nova habilidade pode ser criada diariamente." "Corto cabelo e pinto." (Cartaz num cabeleireiro.)

No próximo capítulo veremos mais alguns padrões complementares desse grupo.

É importante lembrar que a linguagem hipnótica ou Modelo Milton contém cinco objetivos gerais:

- Distrair a mente consciente.
- **Ser vago:** estar atento a deixar que o próprio sujeito construa sua experiência.
- **Ser ecológico:** usar palavras que respeitem os mapas do sujeito.
- Usar os três sistemas representacionais (V-A-C) para envolver melhor a representação subjetiva do sujeito na experiência (a depender do caso, percebendo a dominância do sujeito).
- Acessar recursos internos.

Ao entender os grupos e exemplos acima é possível combinar intencionalmente vários conjuntos de linguagem para induzir alguém a um estado natural de transe, através de um texto ou uma conversa generalista, para que possa encontrar recursos que antes desconhecia e realizar mudanças positivas para solucionar seus próprios problemas.

Referências bibliográficas:

GRINDER, J.; BANDLER, R. **Estrutura da magia**.

GRINDER, J.; BANDLER, R. **Atravessando**.

O'CONNOR, J.; SEYMOUR, J. **Introdução à Programação Neurolinguística**.

O'CONNOR, J. **Manual de Programação Neurolinguística**.

APA – Associação Americana de Psicologia

READY, R.; BURTON, K. **Programação Neurolinguística para Leigos**.

ZAIB, J. A.; CHAGAS, M. J. **PNL, Teoria, Técnicas e Ferramentas da Programação Neurolinguística**.

GRINDER, J.; BANDLER, R. **Patterns of the Hypnotic Techniques of Milton H. Erickson**. Vol. 1.

GRINDER, J.; BANDLER, R. **Patterns of the Hypnotic Techniques of Milton H. Erickson**. Vol. 2.

14

Diego Wildberger
e Deroní Sabbi

Libertando sua Mente com PNL

O transe hipnótico no cotidiano e padrões complementares

Segundo a Associação Americana de Psicologia (APA), o transe "... é um estado de consciência que envolve atenção focada e consciência periférica reduzida...", e em hipnose essa atenção geralmente está voltada para o interior. Podemos inclusive nos permitir observar neste momento que, à medida que você foca mais no seu interior, no ar que entra frio pelo seu nariz e sai mais quente, no contato do seu corpo no local onde está lendo este texto agora, na batida do seu coração, percebe ainda menos o mundo exterior, é como se pudesse até mesmo perder a noção do tempo em alguns momentos e nem me atrevo a imaginar como seria esta interiorização quando estiver experimentando tudo isso de olhos fechados.

A questão é que quanto mais você se permite aprofundar nesta interiorização, mais profundo você entra neste estado de abstração do mundo exterior. E quantas vezes isso pode acontecer ao longo do dia onde levamos nossa atenção ao mundo interior e exterior dezenas de vezes, entrando e saindo de transe, através da comunicação verbal ou através dos nossos próprios pensamentos.

Nesses estados mais internos de transe somos capazes de planejar melhor, trabalhar e focar melhor nas atividades diárias, sonhar acordados e fantasiar com momentos futuros, meditar e até mesmo, porque não, relaxar e dormir. Aqueles que se permitem entrar em transe estão mais acordados para si mesmos, como diria Carl G. Jung: "Até você se tornar consciente, o inconsciente irá dirigir sua vida e você chamará isso de destino".

Alguns fenômenos de hipnose, como estado natural, que podemos perceber diariamente são:

- **Amnésia:** quando estamos conversando e durante a conversa esquecemo-nos do que estávamos falando e precisamos dar alguns passos atrás para nos lembrarmos e continuar a conversa. Consegue perceber a frequência com que isso pode ocorrer?

- **Anestesia:** quem nunca se cortou sem perceber? Ou em algum momento já apareceu uma mancha roxa no seu corpo e você nem lembra onde bateu? A dor simplesmente desaparece quando estamos absorvidos de maneira profunda em alguma experiência.

- **Alucinação positiva/negativa:** as positivas podem surgir quando, por exemplo, olhamos para o céu e vemos as nuvens formarem rostos, objetos, animais, as crianças brincam muito disso, ou seja, temos a impressão de ver algo que na verdade não está ali. Você já teve a impressão de ver vultos em casa, ou já ouviu algum relato do tipo? Nas negativas geralmente tendemos a não ver alguns objetos quando procuramos, por exemplo, chaves do carro, escova de pentear cabelos, e ainda tem aquelas pessoas que com os óculos no rosto não consegue encontrá-los. Conhece alguém que já passou por isso?

- **Catalepsia:** a televisão e os filmes são campeões em gerar este tipo de fenômeno nas pessoas que tendem a ficar completamente imóveis ao se concentrar no que passa na telinha (ou na telona), podem até mexer os braços para beber ou comer algo, mas estão tão concentrados que parecem robôs executando uma única ação.

- **Regressão:** talvez o mais frequente de todos os fenômenos, afinal estamos todo o tempo nos lembrando de algo. O que fizemos no final de semana, o que dissemos a alguém, um momento triste ou um momento feliz, uma época boa na infância. A regressão está mais presente em nossos dias do que imaginamos e às vezes podem estar associadas com grande emoções.

✓ **Distorção do tempo:** quando estamos vivenciando momentos chatos e monótonos temos a impressão de que o tempo não passa nunca. Já nas situações em que estamos envolvidos em algo de que realmente gostamos, prazerosas e agradáveis nem percebemos o tempo passar e temos a impressão que o tempo foi curto demais.

Ao analisar os fenômenos acima, nos damos conta que entramos e saímos de transe dezenas de vezes ao longo do dia e a linguagem hipnótica ou Modelo Milton pode ser utilizado com excelência para gerar esses fenômenos e induzir estados de transe durante uma conversa, por exemplo, para gerar mudanças, solucionar problemas, utilizando recursos inconscientes do sujeito.

Outros padrões complementares de linguagem hipnótica

Damos sequência aos oito padrões do capítulo anterior, também conhecidos como "distraidores", ou seja, são capazes de passar a mensagem desejada de maneira mais eficiente e subliminar à mente inconsciente enquanto a mente consciente está ocupada com o contexto e a mensagem como um todo.

9. Citações

Essas nos permitem colocar a responsabilidade por uma afirmação em outra fonte. É uma maneira na qual muitas vezes colocamos na boca de outra pessoa, real ou fictícia, uma sugestão ou comando que desejamos transmitir com suavidade.

Exemplo: "Uma vez um amigo me disse: 'Olha só, é possível aprender esses padrões de linguagem e ter grandes resultados com isso.'"

"Era uma vez, numa vila distante, um mestre que dizia 'Resolva primeiro o que é prioridade'"...

10. Postulado de conversa

São perguntas utilizadas dentro de uma conversa que permitem uma resposta "sim" ou "não" e que podem ser entendidas como um comando de maneira inconsciente, assim se evita um comando direto.

Exemplo: "Você pode fechar aquela porta?"
"Você pode tomar uma respiração profunda e fechar seus olhos?"

11. Expressões de aprovação e apoio

Expressões como "tudo bem", "ok", "isto", "certo", "muito bem" semeadas oportunamente ao longo do processo de indução constituem excelente forma de acompanhamento e produzem intenso *rapport* com a mente inconsciente.

Exemplo: "Enquanto você respira, o ar entra e sai dos seus pulmões... isso mesmo... e pode sentir uma profunda sensação de paz. ...muito bem..."

12. Atribuições metafóricas de qualidade seletiva

Muito usadas em metáforas, sentimentos ou palavras atribuídas a animais e elementos da natureza. Exemplo: "A lua me disse que..."

Padrões ligados ao uso de pressuposições:

Pressuposição linguística é uma afirmação, geralmente não explícita, cuja aceitação se faz necessária para que uma sentença faça sentido. Exemplo: para que a frase "Quero voltar a morar no Norte" faça sentido, é necessário que a afirmação "Eu já morei no Norte" seja admitida como verdadeira. Que eu já tenha morado no Norte é a pressuposição daquela sentença.

Elas diferem em abrangência das pressuposições essenciais. Tomemos como exemplo o comando "Feche a porta". Que exista uma porta é uma pressuposição essencial. Que a porta esteja aberta é uma pressuposição linguística.

Na prática hipnótica elas funcionam distraindo a mente consciente com o conteúdo explícito da sentença, direcionando o inconsciente para pressuposição implícita.

13. Palavras temporais

Antes, depois, durante, desde que, enquanto, quando, começar, continuar, ainda, já.

Na linguagem hipnótica essas palavras sugerem algo que se queira obter do sujeito.

Exemplo: "Pode continuar sentindo em seu corpo essa agradável sensação de conforto".

"Antes que você possa se dar conta plenamente, enquanto falo você terá atingido um transe bastante profundo."

14. Verbos e advérbios que indicam ação repetitiva ou mudança de tempo

Reviver, voltar, de novo, refazer, repetir... Ainda, terminar, já, continuar, começar... Exemplo: "Reviva novamente uma situação agradável do passado e continue a sentir aquela mesma sensação..."

15. Duplo vínculo "ou" (ilusão de escolha)

Dá ao sujeito a impressão de que pode optar, porém duas ou mais alternativas são definidas pelo locutor.

Exemplo: "Você prefere entrar em transe de olhos abertos ou fechados?" O foco consciente e distraído para uma escolha de menor importância deixando para o inconsciente a inquestionabilidade do transe.

16. Numerais ordinais

Exemplo: "Você gostaria de sentir seu braço esquerdo levitar primeiro?" A atenção se ocupa da ordem da ocorrência, permanece o fato desta, inconteste.

17. Perguntas seletivas

Qual, quem? Quando? etc.

Exemplo: "Quando você gostaria de atingir o clímax desse estado de excelência?" O pressuposto é de que o estado de excelência vai ser atingido em seu ponto máximo.

18. Moduladores do foco de atenção

Quantificadores e qualificadores.

Exemplo: "Eu me pergunto quão rapidamente você deseja realizar essa mudança". A atenção se desvia para a qualificação da mudança, mais ou menos rápida, deixando sem questionamento o fato da mudança em si.

19. Adjetivos e advérbios de comentário e avaliação

Felizmente, naturalmente, claro, lógico etc.

Exemplo: "Naturalmente, você não precisa ter nenhuma experiência prévia com hipnose para conseguir o resultado almejado".

Pressupõe-se como certo tudo o que segue à primeira palavra.

20. Indicativas de tomada de consciência

Perceber, notar, estar ciente, estar consciente etc.

Exemplo: "A esta altura você já pode ter percebido uma certa sensação de peso em suas pálpebras superiores".

O fato da conscientização não é oferecido a julgamento, é aceito como certo.

21. Indicativas de dúvida

Talvez, quem sabe, pode ser etc.

Exemplo: "_Talvez_ você já esteja sentindo um domínio crescente do uso dos padrões hipnóticos do Modelo Milton".

22. Linguagem Somática

É o uso da linguagem que faz apelo ao inconsciente através de partes do corpo, relacionado com a situação atual. Exemplo: "Eu não consigo digerir isto... Fico ruminando estas ideias... Tive que apertar o cinto... Estou com o coração apertado... Isto me dá dor de cabeça... Isto me faz relaxar..."

Exemplo de indução hipnótica:

Você pode identificar os padrões de linguagem que são utilizados no texto à medida que passa pelo processo.

Talvez você já possa começar a sentir o seu corpo tocando o lugar em que você está sentado ou deitado... e o toque suave da roupa na sua pele ... e perceber também como essas palavras podem soar como uma voz interna, calma, e tranquila... e os sons ao seu redor, começando a relaxar ainda mais profundamente... e no momento em que começa a levar sua atenção à sua respiração, e como ela vai ficando mais lenta e mais espaçada... e isso vai aumentando e promovendo um maior relaxamento em você... Muito bem...

Todas as pessoas têm a capacidade de entrar em transe... E é muito seguro entrar nesse processo ... e é muito fácil também.

Fico imaginando se você já notou de como pode estar motivado agora a entrar num processo de aprendizado rico e valioso a partir deste momento...

E a sua compreensão das respostas que vêm da mente inconsciente vai se tornando cada vez mais e mais acessível...

E essa voz interna... já pode lhe ajudar a ir respirando mais profundamente... enquanto se sente mais seguro e mais confortável... Ok...

É sempre muito agradável quando podemos nos sentir assim...

Eu me pergunto como seria fácil pra você deixar que algumas imagens já possam ter começado a surgir na sua mente enquanto lê este texto... talvez um lugar agradável... e pode ser conhecido ou não...

Isso... desse seu jeito está perfeito...

E quanto mais você respira, mais essas imagens desse lugar vão surgindo em sua mente... e as sensações que podem lhe envolver agora...

Muito bom, vá percebendo com os olhos da mente... esse lugar... e como pode ser tranquilo...

E quem sabe você possa se sentir dentro da paisagem, como se essas palavras simplesmente já nem importassem mais agora, vai respirando mais fundo e isso significa que você está aproveitando essa experiência de deixar sua mente consciente mais tranquila e relaxada...

Muito bem...

E eu me lembro de um amigo que costumava relaxar assim, conseguia nesses momentos deixar abrir a mente inconsciente para um grande crescimento pessoal... E ele sempre contava a estória de um senhor montanhês que tranquilamente parava de cortar árvores para dedicar algum tempo afiando seu machado... E ficava ali, durante alguns minutos a cada hora afiando o machado... Seus colegas o chamavam de preguiçoso, afinal de contas de longe o observavam ali sentado, tranquilamente. Ele era o melhor dos lenhadores montanheses... Muitos tentavam superá-lo e ser mais rápido que ele, mas não conseguiam. Um dia um jovem lhe perguntou:

— Senhor, eu trabalho o dia inteiro e não consigo derrubar mais árvores que o senhor, qual o seu segredo?

Então o montanhês lhe respondeu calmamente:

— Meu jovem, não se esqueceu de afiar o machado?

Só então o jovem compreendeu que com seu machado afiado e aquelas pausas estratégicas, ele conseguia se tornar melhor a cada dia...

Pergunto-me o quanto seria importante guardar essa estória dentro do seu coração... isso...

Onde você já nem precisa entender além do necessário...

Apenas o necessário é suficientemente útil para ter as respostas ideais e importantes para a sua vida... e vão maturando, no seu próprio tempo de maneira inconsciente até se tornarem claras no momento certo...

Muito bem... e enquanto pode tomar uma respiração profunda agora, seu inconsciente vai mostrando mais *insights* de como tudo isso pode ser eficaz... Agora, que você já se conectou com alguns novos recursos de aprendizagem.

E agora você já sente sua respiração, começa a sentir novamente o lugar onde está sentado ou deitado e pode movimentar os dedos das mãos, dos pés e fico imaginando como seria se esticar e alongar o corpo percebendo-se presente no agora... se sentindo muito tranquilo e harmonizado... Sei que pode vislumbrar novas perspectivas, e você faz isto de coração aberto, porque agora pode caminhar em paz com suas próprias pernas em direção aos objetivos, digere cada um dos novos conhecimentos.

Referências bibliográficas:

BANDLER, R.; GRINDER, J. **Atravessando - Passagens em Psicoterapia.**

O'CONNOR, J.; SEYMOUR, J. **Introdução à Programação Neurolinguística.** SÃO PAULO: Summus Editorial, 1990.

O'CONNOR, J. **Manual de Programação Neurolinguística. PNL: um guia prático para alcançar os resultados que você quer.** Rio de Janeiro: Editora Qualitymark, 2013.

GRINDER, J.; BANDLER, R. **Patterns of the Hypnotic Techniques of Milton H. Erickson.** Vol. 1 e 2. Apostila de Formação em Practitioner em PNL do Instituto Sabbi - Sociedade Brasileira de Desenvolvimento do Potencial Humano.

15

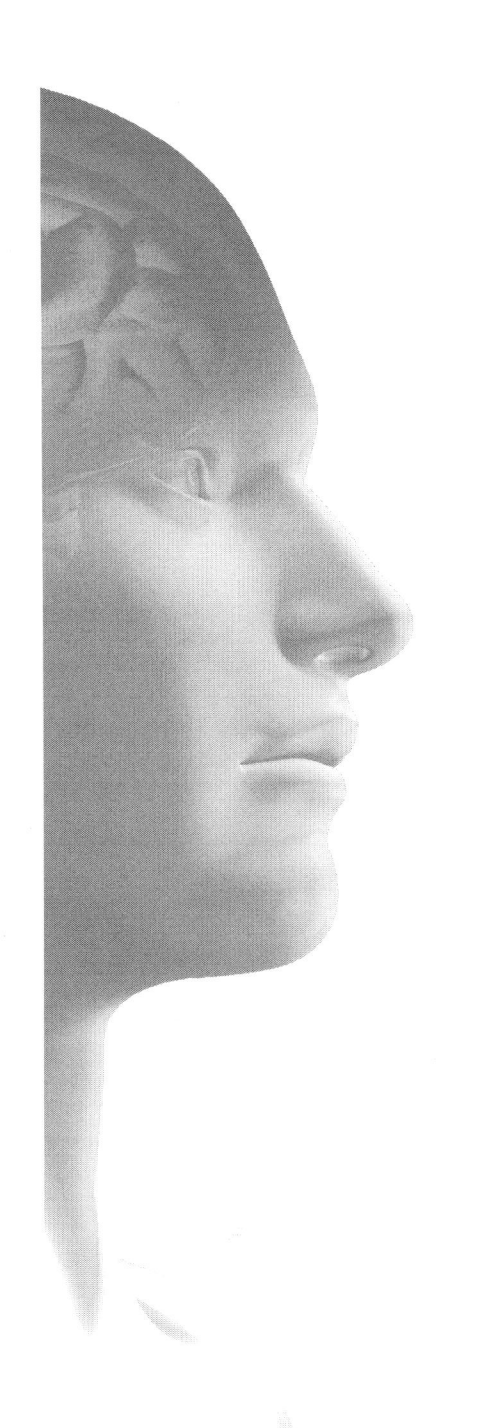

Deroní Sabbi

Ancorando-se para obter melhores resultados

Uma âncora é um estímulo num dos sentidos (som, palavra, frase, cheiro, toque, sensação) ou combinação deles, que evoca um padrão de resposta consistente em uma pessoa. É a tendência de qualquer elemento de uma experiência trazer de volta toda a experiência. Sempre que o estímulo é acionado, o estado interno reaparece.

A resposta pode ser um comportamento externo e/ou uma representação interna. É uma técnica efetiva para canalizar construtivamente nossas poderosas reações inconscientes, de forma a estarem sempre ao nosso dispor.

A âncora traz de volta o estado interno e não necessariamente a lembrança. Com o tempo pode diminuir ou desaparecer. Na fobia, cuja ligação é rígida, ou as crenças (*imprints*), de ligações ainda mais fortes, é o contrário.

Os reflexos condicionados guardam uma grande semelhança com a ancoragem. Ao se condicionarem animais, um estímulo é aplicado diversas vezes, seguido de um reforço, até que o animal se ancore no estímulo de modo a, sempre que percebê-lo, preparar-se fisiologicamente para o reforço. Com ancoragem basta uma única vez e só funciona com o ser humano, pois tem o cérebro mais desenvolvido.

A ancoragem ocorre ou não ocorre. Pode ser eventual e intencional, com objetivos específicos. Na Programação Neurolinguística (PNL) utilizamos a ancoragem para desenvolver habilidades que permitam induzir, interromper e modificar estados internos.

O estado interno passado pode ser revivido, através da memória; o presente é vivido, porque é atual, e o futuro pode ser construído, pela imaginação. E um dos pressupostos da PNL é que memória e imaginação utilizam os mesmos circuitos cerebrais. Por isso produzem o mesmo impacto e têm a mesma força sobre nossos estados.

Eis alguns exemplos de ancoragem:

- Uma pessoa que passou por um acidente grave, ao andar de carona, se assusta a cada solavanco do carro em que está andando.
- O som de uma campainha pode levá-lo imediatamente de volta aos tempos de escola.
- Um perfume pode lembrar um momento de emoção.

Os estímulos externos provocam um estado emocional acessado pela lembrança.

Algumas de nossas âncoras acessam emoções agradáveis, outras acessam emoções desagradáveis. Ao conhecer as âncoras e aprender como funciona o processo de ancorar palavras, podemos usá-las em nosso benefício. Todos nós, de forma inconsciente, ancoramos estados uns nos outros, todos os dias. Bandler dizia que é **impossível não ancorar.**

Uma expressão facial, uma fotografia ou uma imagem podem ser âncoras visuais. Uma voz pode ser uma âncora auditiva. Um tapinha nas costas ou um aperto de mão pode ser uma âncora cinestésica. Em determinadas situações, você pode querer usar âncoras de bem-estar. Em outras, vai preferir uma âncora de "criatividade", "análise crítica" ou "concentração intensa".

Que tal ancorar seu estado de excelência, para que esteja instantaneamente acessível a qualquer momento? Você pode ancorar estados de recursos para si mesmo.

Você pode estabelecer âncoras em qualquer modalidade: visual, auditiva, cinestésica, olfativa ou gustativa. As três últimas não são particularmente úteis para os negócios.

Sendo a ancoragem um processo ocasional ou intencional de se ligar um estado interno a um estímulo externo, a técnica de ancorar pressupõe no GUIA o treinamento em duas habilidades básicas:

✓ acessar ou induzir em si ou em outrem o estado interno desejado, na forma e intensidade apropriados à interação em curso.

✓ aplicar ou fornecer o estímulo conveniente no momento adequado, pouco antes do clímax daquele estado. O processo de acessar ou induzir um determinado estado se desenvolve a partir da vivência intensificada de uma experiência lembrada ou imaginada, de referência. Quando desejamos eliciar um estado correspondente ao recurso de alegria, o modo mais simples e eficaz de o conseguirmos é reviver ou fazermos reviver uma experiência passada ou construída de intensa alegria, com todos os seus elementos de representação, visuais, auditivos e cinestésicos.

Na ancoragem evidenciamos a sequência de uma vivência da experiência de referência da indução do estado interno ao estímulo externo.

Em cada unidade de ancoragem checamos a eficácia do processo, quebrando o estado induzido e testando a recuperação ou volta desse estado, ao reproduzirmos o estímulo da âncora.

Esse procedimento se aplica diretamente à ancoragem de estados agradáveis para o sujeito, chamados estados positivos. Quando eventualmente a intervenção corrente solicitar a ancoragem de algum estado desagradável, usaremos um método indireto ou tangencial de evocar e ancorar o estado, efetuado através de perguntas do tipo: "Você se lembra da última vez que experimentou essa sensação?"

Chaves para uma ancoragem bem-sucedida

Originalidade. Voz, gestos e expressões. Se você vê alguém em um intenso estado de aceitação, você pode ancorar isso ficando de pé e ereto, elevando seu tom de voz, apontando o dedo para frente e dizendo: "É bom ter aceitação". Mais tarde, quando desejar obter uma aceitação, rode exatamente o mesmo estímulo para acessar o estado de aceitação, enquanto faz a proposta.

O momento certo. Os estados variam de intensidade e em geral atingem um pico, para depois cair. Às vezes, a ascensão e queda são tão rápidas que o estado lhe escapa. É aí que entra sua acuidade sensorial: é preciso estabelecer sua âncora um segundo antes do pico.

Ancore estados que valham a pena acessar: alegria, aceitação, prazer, concentração, criatividade, relaxamento, atenção, aprendizagem etc...

Crie âncoras fáceis de lembrar e de repetir. Ao usá-las, você as repetirá no mesmo local e da mesma maneira. Quanto mais o cérebro estiver saudável e em estado de alerta, mais facilmente poderá ser ancorado.

Estabelecer uma âncora é simples: calibre o estado que deseja ancorar. Ancore o estado a um estímulo único, visual, auditivo ou cinestésico. Mude o estado da situação que está sendo calibrada. Ative sua âncora (aplique o mesmo estímulo único do passo). E calibre novamente, de acordo com a mudança de estado desejada.

O procedimento de ancorar inclui alguns passos: use sua acuidade sensorial para perceber quando a pessoa está na experiência que você quer ancorar. Elicie o estado desejado. Tenha certeza que a pessoa está associada na experiência. Ancore com um toque, característica vocal ou gesto. Faça de maneira que você possa repetir o estímulo, exatamente, em outro momento. Se quando você testar a âncora não aparecerem as Manifestações Comportamentais de Respostas Internas (MCRI), você poderá pressupor que a pessoa não estava associada, re-experienciando o evento, ou você não ancorou a parte mais intensa da experiência, ou você precisará construir uma pilha de âncoras com eventos com a mesma experiência ou semelhantes.

Quando uma âncora não dispara as MCRI que você esperava, use isto como *feedback*.

Exercício de ancoragem em três estágios

O guia elicia três estados diferentes no sujeito, como uma excelente habilidade, uma experiência sensual e uma ótima surpresa. Para cada estado eliciado, ancore com um toque em locais diferentes do sujeito, nas costas, de modo que os observadores não possam ver. Dispare uma âncora de cada vez, enquanto o observador percebe o sujeito e diz se você está disparando um dos três estados. Continue até que os observadores consigam acertar três seguidas.

Dissociação – calibração – encadeamento

Instruções para o guia:

1. Estabeleça um *rapport*, conversando alguns segundos e coloque o sujeito à vontade.

2. Provoque a dissociação dizendo: "Talvez você possa fechar os olhos agora. Agora imagine-se em um cinema. Você está sentado vendo um filme de você mesmo de corpo inteiro passando na tela. Está vendo você lá na tela?" (ancore, faça pausa – 5 segundos). Muito bem... (pausa). "Agora veja-se em outro cinema, talvez o primeiro cinema em que você foi. Veja-se na tela novamente, de corpo inteiro... Ótimo... (ancore, faça pausa). E mais uma vez veja-se numa outra sala de cinema. Veja-se de corpo inteiro mais uma vez... Isto... muito bem..." Observe as microrreações físicas (MRF) e calibre-se. Ancore cada estado por três segundos com um toque que possa repetir de forma semelhante (âncora de dissociação). Temos aí uma pilha de âncoras. Calibre-se. E prossiga:

3. Faça uma quebra de estado (QE).

4. Teste. Peça para o sujeito voltar a fechar os olhos e dispare a âncora de dissociação. Observe a evidência sensorial do estado dissociado. E fale: "Agora olhe pra cá e me diga: o que aconteceu quando eu disparei a âncora?"

5. Faça uma QE.

6. Diga: "Agora vá para dentro de si mesmo novamente. Escolha uma

situação em que se sente bloqueado, com dificuldades de lidar com a situação".

7. Quando o sujeito começar a ter acesso ao estado de bloqueio, dispare a âncora de dissociação, tocando onde tocou. Procure evidências sensoriais do que ocorreu internamente. E então pergunte: "O que aconteceu quando disparei a âncora?"

8. Faça uma QE.

9. **Teste.** Preste bem atenção para ver se o acesso inicial ao estado de bloqueio leva-o automaticamente ao estado dissociado, onde a pessoa se enxerga com o bloqueio, mas NA TELA.

2ª Parte - Guia conduz

10. Imagine como seria se você se visse agindo capaz de lidar facilmente com a situação. Assista a si mesmo atuando com o recurso de comportamento que escolheu no contexto da situação desafiante **(estrutura como se)**.

11. "Escolha um estado de recursos ou comportamento que já teve em algum contexto de sua vida e que seria útil na situação, tais como alegria, confiança, persistência, calma, sabedoria, entusiasmo, ou outros... Então assista a si mesmo atuando com o recurso selecionado no contexto da situação desafiante **(transferência de Comportamento)**.

12. "Existe alguém que você conheça e que consiga lidar muito bem com este tipo de situação? O que esta pessoa faria pra se dar bem na situação desafiante? Veja o que ela vê, ouça o que ela ouve e sinta o que ela sente enquanto atua. Assista esta pessoa atuando com o recurso selecionado no contexto da situação desafiante e imagine-se no lugar dela **(gerador de novos comportamentos)**.

13. "Agora estamos no mês de _____ do ano _____(futuro) e você pode se sentir lidando muito bem com a situação. Você pode olhar para o passado para aquela situação que aborrecia você. Como é que você faz para lidar com ela de maneira tão eficiente AGORA?" **(Pseudo-orientação temporal.)**

14. **Verificação ecológica 1**. "'É este o resultado que você deseja? Os

recursos que você escolheu são adequados e te trazem o resultado que tu queres? "Acha este resultado satisfatório?" (Se não, volte ao passo 9.)

15. **Associe-se,** vivenciando a situação já com todos os recursos que te capacitam a se sair bem na situação ou que outra pessoa capacitada usaria pra se dar bem. Verifique se o sujeito está num estado de mais recursos.

16. **Verificação ecológica 2**: "Você ainda deseja ter este comportamento escolhido nesta situação?" Se não desejar o que escolheu, volte ao número 9 ou 10 e reveja o comportamento, ou selecione um novo comportamento.

17. **Teste.** Peça pra pessoa lembrar o estado limitante a que se referiu no início. Se ela já se sentir com recursos e mais satisfeita, siga adiante.

Ponte ao futuro: "Que situação, no futuro, poderia gerar aquele estado de bloqueio e limitação? Quando isso vai ocorrer? Você já se sente com todos os recursos que deseja?" Faça agora um "último ensaio" de como é ter esta nova experiência, onde você já tem os recursos e o desempenho desejado.

Exercício: adicione um recurso

1. **Identifique um comportamento já satisfatório no sujeito.** Induza nele este comportamento, associado. Ancore-o com um toque e calibre-se. Faça uma quebra de estado (QE). Teste a âncora 1 e faça uma QE.

2. **Identifique recursos adicionais que tornariam o comportamento ainda melhor.** Ao alcançar o estado de recursos, instale a âncora 2 com um toque diferente e calibre-se. Faça uma QE. Teste a âncora 2 e faça uma QE.

3. **Integração.** "Com este recurso (dispare âncora 2) reviva aquele comportamento (dispare âncora 1) tendo este recurso adicional disponível para você. Calibre-se com o estado integrado. Faça uma QE.

4. **Teste a integração.** Dispare a âncora 1 e observe a reação. (Se você perceber a resposta original em vez da resposta do estado integrado, volte atrás para re-ancorar o recurso adicional ou escolher um outro recurso.)

5. Faça uma ponte ao futuro perguntando: "Que situação, no futuro, poderia gerar aquele estado de bloqueio e limitação? Quando isso vai

ocorrer? Você já se sente com todos os recursos que deseja? Faça agora um 'último ensaio' de como é ter esta nova experiência, onde você já tem os recursos e tem o desempenho desejado".

Referências bibliográficas:

BANDLER, R.; Grinder, J. **A estrutura da magia.** Rio de Janeiro: Editora Guanabara, 1977.

DILTS, R. **Crenças.** São Paulo: Summus Editorial.

GOLEMAN, D. **Inteligência Emocional.** Rio de Janeiro: Objetiva, 1995.

HELMSTETTER, S. **Programação Neurolinguística.** Rio de Janeiro: Record, 1996.

O'CONNOR, J.; SEYMOUR, J. **Introdução à Programação Neurolinguística.** São Paulo: Summus Editorial, 1990.

O'CONNOR, J. **Manual de Programação Neurolinguística:** PNL: um guia prático para alcançar os resultados que você quer. Rio de Janeiro: Editora Qualitymark, 2013.

PÉRCIA, A.; SITA, M. **Manual Completo de PNL.** São Paulo: Editora Ser Mais, 2012.

PACHECO, G. **Curso Practitioner do Instituto Potencial de PNL.** (Apostila).

READY, R.; BURTON, K. **Programação Neurolinguística para Leigos.**

ROBBINS, A. **Poder sem Limites.**

ZAIB, J.; CHAGAS, M. J. **PNL - Teoria, Técnicas e Ferramentas da Programação Neurolinguística.**

16

Maricléia dos Santos Roman

Libertando sua Mente com PNL

Linha do tempo e cura rápida de fobia

Mudança de história pessoal usando a linha do tempo e com a metáfora da luz

Como vimos, algumas vezes uma pilha de âncoras neutraliza os efeitos de um estado limitante. Mas, às vezes, as marcas são tão fortes e profundas que nem mesmo uma sólida pilha de âncoras pode resolver. No entanto, certos registros são gravados em nosso cérebro tão intensamente e há tanto tempo que somente uma técnica mais profunda pode ajudar.

A técnica da regressão e progressão na linha do tempo é uma ferramenta que tem apresentado soluções bastante satisfatórias. Ela parte de alguns pressupostos da neurologia da representação, como vimos no capítulo sobre sistemas de representação cerebral. Em linhas gerais, dissemos que o fato ou a realidade são captados por nossos sentidos (canais V/A/C/O/G), decompondo-se em sinais específicos de cada canal, que se submetem a uma seleção neurológica e emocional, promovendo uma recombinação dos sinais e gerando uma representação do fato, nos mesmos componentes V/A/C/O/G.

Em outras palavras, nós não sabemos de fato qual é a realidade externa. Nós a representamos por metáforas. Nossa história pessoal não é uma sequência de fatos, é uma sequência de representações cerebrais. É também a história de nossas limitações, de nossos traumas.

Não é possível modificar fatos, sejam eles presentes ou passados, mas é possível modificar as representações internas que uma pessoa tem de um fato e, consequentemente, as emoções que delas advieram. Como nossos mapas mentais nada mais são do que metáforas que construímos internamente e sobre as quais vivemos, parece lógica a conclusão de que nosso cérebro trabalha muito bem com metáforas. Uma prova disso é o fato que durante a ancoragem de um processo muitas vezes usamos um evento futuro (imaginado e construído), portanto, para servir de experiência de referência e evocar um estado externo.

A Linha do Tempo (LT) é uma bela metáfora que permite ao sujeito caminhar pela história de sua vida, metaforicamente, sobre uma linha imaginária e se conduzir a eventos no passado que estejam de alguma forma afetando seu comportamento presente. Também é possível caminhar ao futuro, fonte de qualidades e atributos positivos, para recolher recursos que possam alterar e transformar os eventos limitantes do passado em meios de aprendizagem.

A técnica tendo você como o guia:

1. Estabeleça um nível ótimo de *rapport*, conversando sobre como o sujeito está se sentindo ao fazer o curso.

2. Construa a linha do tempo - Estabeleça agora, junto com o sujeito, a linha do tempo dele, levando-o a imaginá-la como uma linha física no chão e a marcar nela o presente, os momentos de sua concepção e nascimento, situados no início da linha, à esquerda para os destros, e visualizando o futuro a perder de vista, à direita da linha. **O guia diz ao sujeito -** Marque no chão, ou simplesmente imagine, uma linha reta. Marque nela três pontos de referência. Num ponto mais ou menos central marque o presente (P), caminhe nela para um lado e marque o ponto do seu nascimento (N). Caminhe um pouco mais na mesma direção e marque o momento em que você foi concebido (C). Volte na linha até o ponto (P). Caminhe na outra direção e marque um ponto importante no futuro. Por exemplo, o dia do seu aniversário de 100 anos (F). Esse ponto não deverá significar o fim da linha. Metaforicamente, esta é a linha da sua vida, sua LT. Ela começa na sua concepção e continua após os seus 100 anos. Sempre que você estiver sobre a linha do tempo, você estará associado ao momento que aquele ponto significa (a posição perceptiva). Para se dissociar de um evento desagradável sem abandonar a LT, basta dar um passo para trás (antes do evento) ou para frente (após o evento), alterando o momento de referência. Essa é uma dissociação temporal.

3. Construa a linha de dissociação - Peça ao sujeito para estabelecer agora uma linha paralela à linha do tempo, linha que será chamada de "linha de dissociação", na qual ele se mantém na idade presente, vendo a si próprio nas idades correspondentes aos diversos pontos da linha do tempo. Assim: **O guia diz:** "Paralelamente à linha do tempo, faça uma outra, a uma distância de aproximadamente um passo para o lado, de modo a facilitar a passagem de uma linha para outra. Esta segunda linha, que pode ser tracejada para se diferenciar da primeira, deve ser do mesmo tamanho da LT, mas não possui pontos marcados. Em toda a sua extensão ela representa o momento atual, o aqui e agora. Esta linha servirá de dissociação espacial. A qualquer momento em que você estiver na LT, em qualquer ponto do passado ou do futuro, bastará dar um passo para fora e voltará ao momento presente, nesta Linha de Dissociação (LD), que é uma âncora espacial".

4. Leve o sujeito a identificar um ponto da linha do tempo onde viveu uma experiência poderosa dos recursos desejados, uma experiência de poder e vitória. Peça-lhe que reviva essa experiência plenamente associado (V/A/C/O/G), e que represente o estado de recursos como uma luz. Estabeleça no ombro esquerdo uma âncora de poder, uma pilha de âncoras com diversos recursos, como confiança, alegria, empatia e entusiasmo. Peça ao explorador para recordar uma experiência recente relativa a esse estado. (Recuperação parcial ou tangencial.)

Calibre-se e "ancore".

5. Quebre este estado, teste a "âncora" estabelecida.

6. Percorra todos os passos a seguir atento aos sinais sensoriais emitidos pelo sujeito e verifique a congruência.

7. O sujeito agora se desloca lentamente ao longo da linha do tempo na direção do passado mantendo o olhar para o futuro e as costas para o passado. Essa posição dentro da linha do tempo é chamada *"in line"*, "na linha", se contrapondo a *"thru line"*, "através da linha".

8. Nessa regressão lenta, "viagem" em direção ao passado, o sujeito tendo como guia o estado limitante "ancorado" vai identificando cada experiência significativa de sua "história pessoal" relativa ao estado limitante, começando com duas ou três bem recentes. Para cada uma delas é convidado a colocar uma marca simbólica qualquer – uma "bandeirinha" – ao lado da linha do tempo.

9. Leve o sujeito dessa forma até chegar à primeira experiência relativa ao estado limitante. Você pode utilizar uma pergunta do tipo: "Aqui neste ponto, esta sensação, ou sentimento, é nova para você, ou algo que você já conhecia?" Não importa tanto detectar a experiência estabelecida cronologicamente como a primeira e sim permitir ao explorador que se coloque diante da experiência primordial ou de alguma forma marcante, aquela reconhecida pela mente inconsciente como a "primeira". Chegando a este ponto, que o inconsciente de algum modo saberá determinar, pergunte ao explorador sua idade aproximada neste evento e peça-lhe para dar um passo para trás, dissociando-se temporalmente, na linha do tempo, ficando seguro e confiante algum tempo antes de o evento ter início, quando tudo ainda estava bem.

10. Conduza o sujeito agora a passar para a linha dissociada, ficando na posição de adulto vendo o seu "eu mais jovem" ali na linha do tempo.

11. Peça ao sujeito para inclinar-se diante do seu "eu mais jovem" e assegurar-se em tom confortador de que veio do seu futuro e que, na verdade, ele, seu "eu mais jovem", não apenas sobreviveu àquela e outras experiências, mas aprendeu com elas, tornando-se um adulto forte, confiante e seguro, tendo adquirido inúmeras habilidades e capacidades ao longo de uma vida produtiva e feliz.

12. O sujeito, ainda inclinado diante do "eu mais jovem", pede-lhe para colocar diante de si uma tela de cinema e projetar nela o desenrolar do evento, acrescido agora, porém, das informações há pouco oferecidas pelo "eu mais maduro".

13. Após ver seu "eu mais jovem" assistir ao "filme", o sujeito pergunta-lhe com que outros recursos gostaria de contar naquele evento de forma a transformar a frustração e o pesar em um aprendizado confortável e útil e proporcionar uma resposta comportamental diferente e adequada. Recursos como humor, autoestima, confiança, paciência, segurança e assim por diante.

14. Leve o sujeito a identificar um ponto da linha do tempo onde viveu uma experiência poderosa dos recursos desejados, uma experiência de poder e vitória. Peça-lhe que reviva essa experiência plenamente associado (V/A/C/O/G), e que represente o estado de recursos como uma luz. "De que cor é esta luz?" O explorador concentra a luz como uma bola luminosa que carrega entre as mãos ou noutra parte escolhida do corpo e caminha com ela pela linha dissociada até perto do "eu mais jovem".

15. Peça ao sujeito para passar ao "eu mais jovem" aquela luz de recursos, iluminando-o da cabeça aos pés.

16. O sujeito entra na linha do tempo, associa-se ao seu "eu mais jovem", reintegrando-o ao seu próprio corpo e, iluminado juntamente com ele pela luz de recursos, dá um passo adiante e revive a experiência, que antes fora traumática, absorvendo dela, agora, novos aprendizados e conhecimentos.

17. O sujeito caminha lentamente pela linha do tempo em direção ao presente e olhando para o futuro. A cada uma das "marcas" previamente colocadas como símbolos de vivências relativas ao estado limitante verifica se as mudanças são adequadas e suficientes, produzindo novas respostas na emoção e no comportamento. Se necessário, são acrescentados novos recursos. **Diga: "Reviva cada momento com os recursos que precisa para se sentir bem e competente".**

18. Teste a "ponte ao futuro": ainda na linha do tempo leve o sujeito a um dia futuro onde ele vivencia uma experiência que presumivelmente o levaria ao estado de frustração e de limitação. Verifique a congruência das novas respostas fisiológicas.

19. Chegando ao presente, o guia e o sujeito parabenizam e agradecem as suas mentes conscientes e inconscientes pelo maravilhoso resultado alcançado.

20. Celebração da vitória e do novo ser em que o sujeito se tornou. O guia e os observadores abraçam o sujeito entusiasticamente e de forma congruente e convincente e dizem frases estimulantes.

Cura rápida de fobia (Richard Bandler)

"Fobia é um medo com Ph.D." Millôr Fernandes

A fobia não é um processo racional que possa ser tratado com argumentos lógicos dizendo ao fóbico que lagartixa é um bichinho inofensivo ou que avião ainda é o meio mais seguro de viajar. A fobia é uma âncora diferente das comuns por ser estável, acompanhada de uma intensa resposta fisiológica desagradável. Fobia é uma impressão (*imprint*), uma espécie de marca colocada no cérebro que o lembra de entrar em pânico a cada vez que o estímulo gerador é acionado.

Um dos "problemas" do cérebro é que ele aprende rápido e aprende bem. Tendo aprendido a se aterrorizar diante da mais inocente aranha, nosso cérebro jamais se esquecerá de suar frio, tremer e perder a fala cada vez que se deparar com o bichinho. A fobia pode ser instalada de modo gradativo, como no caso de babás que transmitem seus próprios temores às crianças ou pretendem assustá-las para obter sua obediência, mas também pode ser impressa de uma forma súbita, como consequência traumática de uma experiência fortemente desagradável. O processo fóbico nada mais é do que um mecanismo de defesa criado pelo inconsciente para proteger o indivíduo de uma situação que ele, inconscientemente, acredita ser perigosa. Por isso, as fobias de longa duração costumam ter um ganho secundário para a pessoa, nem sempre claramente observável.

Para o tratamento rápido de fobias, Richard Bandler desenvolveu uma técnica extremamente eficaz, principalmente para os casos de fobia pura, não associada a outras patologias. A técnica deverá ser praticada com a ajuda de um guia, como facilitador para dar mais segurança ao explorador fóbico. Não é recomendável, portanto, autoaplicá-la.

A TÉCNICA, passo a passo:

1- O guia deve estabelecer um bom rapport com o sujeito, pelo tempo suficiente, ao redor de um minuto.

2- O guia instala no sujeito uma autoâncora de recursos plenos. Deve dizer ao sujeito, por exemplo: - Encontre um estado mental relativo ao dia mais feliz da sua vida, quando se sentiu pleno de recursos e nada poderia impedi-lo de ser bem-sucedido.O estado deve ser ancorado pelo próprio sujeito, orientado pelo guia. Quanto mais forte for o estado ancorado, maiores serão as chances de organizar o processo de cura.

3- O guia, aplicador da técnica, instala uma heteroâncora de um estado duplamente dissociado. Por exemplo:

Você está se sentindo muito bem, seguro, totalmente protegido, sentado confortavelmente numa poltrona macia e acolhedora, dentro da sala de projeção, na parte alta e bem atrás, no cinema, afastado do auditório, que está à sua frente. Em outro você se encontra diante de uma tela de cinema, assistindo ao filme de você mesmo num local agradável, como uma praia ou fazendo um piquenique sobre a grama.

4- Uma vez instaladas as duas âncoras, o guia diz ao sujeito:- Entre em contato com aquela parte de seu subconsciente que foi responsável pelo processo fóbico. Reconheça a intenção que ela tem de unicamente protegê-lo. Agradeça pelo cuidado que essa parte sábia de sua mente dedica ao processo fóbico, pois teve uma intenção positiva. Em seguida, transporte-se mentalmente para a poltrona de uma sala de cinema. Sinta-se aí confortavelmente acomodado e coloque na tela uma cena congelada, em preto e branco, a que ocorreu antes da situação que criou a fobia, nos momentos antes de tudo começar.

5- O guia combina com o sujeito um sinal, por exemplo, a palavra "pronto", a partir do qual aciona a âncora de recursos – que deverá ser mantida durante todo o processo – e a autoâncora de dupla dissociação, a ser usada somente nesta primeira fase. Ao sinal, fazer o corpo do sujeito flutuar e se dirigir para a 4ª posição perceptiva, na sala de projeção ou num lugar bem afastado.

6- A um novo sinal, o guia começa a rodar o filme, desde a cena pré-foìbica ou traumática até a pós-fóbica ou pós-traumática. O filme deverá ser exibido em preto e branco, com velocidade normal. Após a passagem, o sujeito deverá congelar a cena, enquanto o guia deverá estimulá-lo com palavras do tipo "você está bem" (pausa...), "muito bem"... "Você está em perfeita saúde".

7- O guia faz agora a primeira reassociação: coloca o sujeito de novo na poltrona do cinema, olhando a tela, e agora vendo uma cena no futuro, onde tudo está bem.

8- Logo após, faz a segunda reassociação, dizendo ao sujeito: - Coloque-se na tela, na cena do futuro congelada, em cores. Nessa cena veja-se com recursos plenos e aprendizados positivos. Com confiança e alegria.

9- Em seguida, faz o sujeito rodar o filme ao contrário, de trás para frente, em cores, até passar por cima da cena pré-fobia. Essa passagem deverá durar aproximadamente três segundos. Pode estalar os dedos ou dizer algo como "Agooraaa, tudo bem..."

10- É necessário aguardar ao menos meia hora antes de fazer o teste. É preciso um pouco de tempo para que o cérebro faça a integração do processo. A integração completa será feita durante um relaxamento ou à noite, durante o sono e os sonhos. Decorrido esse tempo mínimo, testar gradativamente, fazendo o sujeito passar mentalmente pela situação de fobia, em 1ª posição. O guia deve permanecer alerta para acionar a âncora de recursos plenos, se for necessário.

11- Pode-se aproveitar o estado do sujeito para fazer um acordo entre a mente consciente e subconsciente. O guia pode pedir a ele que se volte para dentro de si mesmo e diga à sua mente subconsciente mais ou menos o seguinte: "Eu sei que você queria me proteger dos perigos. Eu quero agora que você continue me protegendo e me dando ensinamentos para enfrentar as situações".

12- PONTE AO FUTURO. Pedir ao sujeito que construa uma situação no futuro, quando ele deverá encarar uma situação em que normalmente se apresentaria o estímulo que produzia a fobia, caso o trabalho de cura não tivesse sido feito. Mas agora a viverá com os recursos agregados.

Se tudo for feito com eficácia, você terá rompido o padrão tantas vezes, e com tanta facilidade, que achará difícil, ou mesmo impossível, retornar a esses sentimentos negativos. Isso pode ser feito com coisas que vêm incomodando há anos. É com frequência um método muito mais eficaz do que tentar analisar as razões de uma situação, o que não muda as sensações que você vincula à situação. Por mais simplista que possa parecer, a distorção eficaz da situação funcionará na maioria dos casos, mesmo quando há um trauma envolvido.

Por que funciona? Porque todos os nossos sentimentos estão baseados nas imagens que focalizamos na mente, nos sons e sensações que vinculamos a essas imagens específicas, levando em conta as submodalidades e posições perceptivas. Efetuando-se esse condicionamento de cinco a seis vezes, fica difícil voltar ao padrão antigo. À medida que mudamos as imagens e sons, mudamos como nos sentimos a respeito.

Referências bibliográficas:

GRINDER, J.; BANDLER, R. **Patterns of the Hypnotic Techniques of Milton H. Erickson.** Vol. 1 e 2.

O'CONNOR, J.; SEYMOUR, J. **Introdução à Programação Neurolinguística.** São Paulo: Summus Editorial, 1990.

O'CONNOR, J. **Manual de Programação Neurolinguística: PNL: um guia prático para alcançar os resultados que você quer.** Rio de Janeiro: Editora Qualitymark, 2013.

PACHECO, G. **Curso Practitioner do Instituto Potencial de PNL.** (Apostila).

ROBBINS, A. **Poder sem Limites.** Apostila de Formação em Practitioner em PNL do Instituto Sabbi - Sociedade Brasileira de Desenvolvimento do Potencial Humano.

17

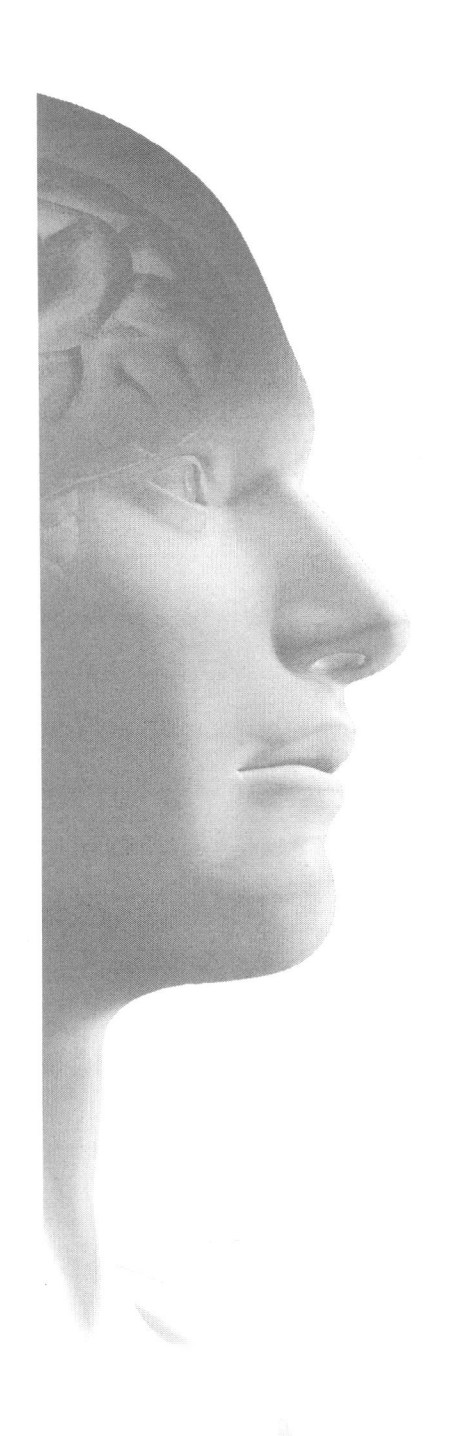

Dolores Bordignon

Libertando sua Mente com PNL

Ressignificação e negociação

"Preciso despir-me do que aprendi.
Desencaixotar minhas emoções verdadeiras.
Desembrulhar-me e ser eu!
Uma aprendizagem de desaprendizagem."
Fernando Pessoa

Emerson, 250 a. C., dizia que: "Os grandes navegadores devem sua boa reputação às grandes tormentas".

Quando o estimado colega Deroní Sabbi me convidou para participar deste projeto, logo pensei: "Vou responder que não vou participar. Agradecerei pela escolha do meu nome, mas negarei. Vou ter muito trabalho... terei que ler... pesquisar... me dedicar... me comprometer, pois o material servirá como fonte de estudo para outros aprendizes... além disso, eu estou muito atarefada. Responderei que não e pronto!" Mas, logo em seguida questionei minha decisão e pensei: "E por que não?" Puxa, que oportunidade bacana! Vou escrever um capítulo sobre ressignificação para pessoas que eu nem sei quem são, contudo, ao imaginá-las lendo e buscando conhecer, aprofundar seus estudos sobre a Programação Neurolinguística (PNL), ressignifiquei meu posicionamento. Eles estão fazendo um caminho que um dia eu fiz, me trouxe a um novo significado, me lembrou o quanto aprecio compartilhar conhecimento e preencheu meu coração de alegria e entusiasmo.

Caro leitor, você chegou a este capítulo e agora vai aprender um pouco sobre ressignificação e negociação. Talvez você não saiba o que significa ressignificar, mas talvez você já tenha pensado no prefixo RE, utilizado em nossa língua para repetir, voltar ao início de algo. Ao usarmos o verbo retornar, que tem o significado de voltar ao lugar de onde se partiu, mas com novo enfoque. Trata-se da capacidade de atribuir um novo significado a um acontecimento através da mudança da visão, com novas "lentes" com as quais a pessoa está vendo a realidade. É como se diz na Índia, um homem não vai duas vezes ao mesmo rio, pois o rio já não é mais o mesmo e o homem também já é outro.

Usamos a ressignificação através da linguagem para alterar a maneira como uma pessoa percebe um acontecimento, pois quando se muda o contexto ou o significado muda-se a experiência ou a percepção da pessoa sobre este acontecimento.

A pesquisadora do comportamento humano Myrian Mourão afirma, em seus estudos de PNL, que:

"Vendedores hábeis são especialistas em ressignificar objeções de seus clientes, assim como nós já o fizemos muitas vezes sem perceber."

Bandler afirma que os eventos não são bons ou ruins. A experiência pura não tem qualquer significado. Nós atribuímos significado de acordo com nossas crenças, valores, interpretações, filtros, preocupações, cultura, preconceitos e preferências.

Ressignificar então se resume em:

"Mudar a forma de interpretar um acontecimento. Dar uma nova interpretação a algo. Ver com outras lentes, colocar uma moldura melhor, alterando a representação cerebral e tornando-a disponível para possibilitar que a pessoa se coloque numa condição de melhor utilização de seus recursos interiores."

Ressignificar é uma habilidade que temos para atribuir um significado positivo e satisfatório a um acontecimento que muito nos incomoda e passamos a encará-lo com equilíbrio emocional. Vale ressaltar que todo processo de terapia, mudança ou aprendizado utiliza algum procedimento de ressignificação ou reenquadramento.

Focar no que funciona nas ações do dia a dia é uma prática fundamental para quem deseja ser um bom programador neurolinguista. Vanna Puvianni, uma terapeuta de casal italiana, diz que não podemos evitar os problemas, mas podemos escolher como seremos impactados por eles. Saber que temos escolha diante de qualquer evento da vida nos permite mudar nossa percepção e o nosso comportamento.

Passamos diariamente por situações que nos decepcionam, frustram, incomodam, entristecem, das quais não temos nenhum controle. Alguns de nós se colocam como vítimas vivendo na armadilha da vitimação, sofrendo e acreditando que não têm responsabilidade no que aconteceu, não têm poder pessoal para fazer qualquer mudança e sentem-se impotentes, submetidos às situações. Então, usamos a ressignificação para alterar o significado e melhorar sua ação já formatada em seus sistemas de valores e crenças.

Alguns exemplos:

1) Seu cliente diz que está com muita raiva, muito aborrecido, pois não conseguiu fazer o trabalho que havia planejado no final de semana, porque o computador estragou. Eu pergunto o que ele fez já que não pôde realizar o que queria e ele responde que brincou com seu filho de quatro anos do qual tem ficado distante. Você faz perguntas e mostra como isso pode fazê-lo ver de um ângulo diferente... o quanto foi importante e saudável tanto para ele quanto para o filho terem brincado e o quão deixou seu filho feliz...

2) João se programou para tirar férias no final do mês e agora o chefe o chamou e disse que terá de cancelar e aguardar 30 dias. Você conversa com ele e fica sabendo que a mudança dos planos, que tanto o está aborrecendo, lhe permitirá viajar para o seu lugar preferido devido à baixa estação, gastar menos com passagens e hotel e aproveitar mais e melhor o passeio.

3) A pessoa fala que é desconfiada em exagero em tudo em sua vida. Usamos a ressignificação e dizemos que ser desconfiada demonstra que ela é cautelosa em suas ações, pois planeja com cuidado seus próximos passos. A pessoa imediatamente vai mudar a forma como se enxerga e

provavelmente irá pensar em situações onde a desconfiança será positiva. Podemos também usar a desconfiança da pessoa e questionar se em algum momento de sua vida foi benéfico ser desconfiado. E ela poderá se dar conta que a desconfiança lhe protege de ser uma vítima fácil para oportunistas.

Esses são exemplos de reenquadramento com conteúdo, em que a experiência em si é reenquadrada em seu significado formando uma ressignificação. Estas podem ser COM CONTEÚDO OU SEM CONTEÚDO.

Em alguns casos há uma recontextualização, encontrando-se um contexto onde o comportamento é útil. Em ambas é indispensável o conhecimento do conteúdo, pois representa o material com o qual o guia vai trabalhar.

Na recontextualização sem conteúdo o guia não necessita conhecer o comportamento ou a experiência a ser reenquadrada, mas preserva a intenção positiva ou o ganho secundário de origem.

No reenquadramento sem conteúdo, muito utilizado em técnicas da PNL, trabalha-se apenas com a estrutura e é desnecessário o conhecimento do problema ou da resposta não desejada, podendo o guia ter dele consciência ou não. Em alguns casos, embora o conteúdo do comportamento seja consciente, o guia faz a ressignificação ou reenquadramento de forma subliminar diretamente no nível inconsciente do sujeito. Milton Erickson nos traz um exemplo, quando o cliente lhe diz: "Já vi sua proposta, mas seus preços me parecem altos". Um bom reenquadramento é concordar: "Eu sei que os produtos do meu concorrente são mais baixos (acompanhar); mas eu sei também que você dá mais valor à qualidade (conduzir)".

A ressignificação pode se basear em alguns princípios simples:

✓ O comportamento tem um objetivo, uma função, uma intenção positiva, mesmo quando o seu resultado é inadequado, sem entendimento na lógica racional.

✓ Os comportamentos podem ser mudados e aquele que melhor realiza uma função tende a permanecer.

✓ O comportamento e a função, por ele realizada, são distintos.

✓ Assim, uma mesma função pode ser alcançada por meio de diversos comportamentos diferentes. Ao escolher comportamentos alternativos, será necessário encontrar aqueles que sejam tão ou mais eficazes do que o atual.

Vou relatar um caso que atendi há algum tempo, em que trabalhei com ressignificação, negociação subliminar e metáforas. Protegerei a identidade da cliente, mudando nomes:

Minha cliente tinha três anos de idade, vou chamá-la de Maria. Ela morava numa cidade do interior, com sua mãe, de 35 anos, professora, pai de 40 anos, empresário, e uma irmã, com oito anos. A menina, de três anos, não queria fazer cocô de maneira alguma, trazendo muito sofrimento e limitações para ela e a família. Iniciei fazendo as perguntas necessárias para descartar problemas de ordem física. Percebi se tratar de uma menina muito inteligente, amorosa, esperta, falante e iniciei o rapport, calibrando e observando atentamente os sinais sensoriais, que traduzem as respostas inconscientes e não verbais e assim construí um bom vínculo. Ouvi dos pais que ela gostava de brincar de professora com a irmã, e era muito ligada com a mãe, que era professora. Ela e a família me olhavam e ouviam atentamente... Utilizando a ressignificação, coloquei:

"Maria, já sei de que se trata este problema..." (pausa)

"Trata-se de um cocô mal-educado (ressignificando um problema que no imaginário dos pais tinha o diagnóstico de doença)". "Sim", reforcei, "mal-educado". Este cocô está sem educação e precisa muito de uma boa professora. E creio que a Maria poderá ser esta boa professora e educará este cocô (aqui coloco-a numa zona de empoderamento e transfomei o problema num processo educacional)".

Percebi que Maria chegava a trancar a respiração, talvez surpresa do que eu dissera... Parei de falar, como se eu estivesse pensando o que iria dizer... calibrando-a para ver se concordava ou não... por alguns segundos... a família, quieta. Interrompi o silêncio e perguntei:

"Maria, você acha que pode ser a professora deste cocô mal-educado?"

Continuando a olhar pra ela, questionei os pais:

"Será que ela terá paciência com o tempo do cocô? Ele precisa aprender que ele tem um lugar que é só dele... ele não sabe ainda que é no

vaso... que só os cocôs e os xixis podem morar no vaso... ele ainda acha que pode estar na sala, na cozinha, nos armários, na casa toda... ele realmente precisa de educação."

Respirei profundamente como forma de ancorar na afirmação positiva, minha intenção neste momento era continuar calibrando com a respiração dela, em seguida, voltei-me para os pais:

"Vocês acreditam mesmo que Maria possa ser esta boa professora para o cocô? Vocês acham que o cocô se sentirá respeitado por ela?"

Os pais, sem entenderem o que estava acontecendo, responderam:

"Sim, a Maria é menina muito inteligente e quando ela brinca de professora ela é firme com os alunos e é firme naquilo que ela quer."

"Ah! (exclamei, ressignificando e negociando com ela) então vocês", olhando agora só para os pais, "acreditam mesmo que a Maria tem condições de ser uma boa professora!"

Respirei e me voltei pra ela:

"Maria, tu ouvistes o que os teus pais pensam sobre tu seres esta boa professora para o cocô?"

Ela me olhou e respondeu, movimentando a cabeça para cima e para baixo, mostrando congruentemente com voz firme e forte que poderia ser uma boa professora.

Aqui interrompo o relato sobre o processo, que durou três sessões, e finalizo contando que dias depois os pais voltaram e me perguntaram se eu fazia "milagres", porque a filha estava ótima!

Isso evidencia que nossos comportamentos possuem uma estrutura interna de pensamentos e emoções que impactam diretamente as nossas ações e consequentemente os resultados que alcançamos em nossas vidas.

Alguns autores deixaram legados para que possamos utilizar a ressignificação em nosso trabalho.

Ernest Rossi disse: "Sintoma passa a ser sinal, aviso e problemas passam a ser recursos criativos".

Para Fritz Perls, "crise pode ser ressignificada como oportunidade".

Richard Bandler diz que: "A confusão é a estrada real de um novo conhecimento".

Roberto Shinyashiki me contou certa vez que um mestre lhe disse: "Roberto, somente nas noites muito escuras se vê bem as estrelas".

Negociação de partes conflitantes

Existe uma técnica de negociação, que aprendemos em PNL e que se usa em atendimento individual, quando há dois comportamentos opostos, em conflito. O guia pede ao cliente para olhar para uma das mãos e simbolizar nesta um dos comportamentos que está em conflito com outro, representado na outra mão. Perguntamos a cada uma das partes qual sua intenção positiva e o que pretende. Podemos atribuir uma cor ou forma a cada uma dessas mãos, associando-a a cada comportamento conflitivo. Sugerimos que uma das partes olhe para a outra e que veja o que há de positivo na outra opção. Uma vez que ambas reconheçam a intenção positiva da outra vamos juntando as mãos lentamente e integrando os dois comportamentos representados pelas mãos. Disso surge uma terceira parte, que é a integração da sabedoria das duas partes iniciais.

Vamos citar aqui uma técnica que é utilizada nos cursos Practitioner em PNL, chamada **Ressignificação em seis passos**, à qual o capítulo de metáforas se refere, que tem como objetivo uma conversa com as diversas partes do nosso subconsciente para identificar a intenção positiva de comportamentos problemáticos, identificar um sinal de comunicação com a parte responsável pelo comportamento e sabedoria interior e encontrar alternativas melhores e mais ecológicas de comportamento que tragam mais recursos ao sujeito. Não há substituto para a prática de desenvolvimento de habilidades que ocorrem nesses cursos.

Referências bibliográficas:

BANDLER, R.; GRINDER, J. **Ressignificando: Programação Neurolinguística e a Transformação do Significado.** Summus Editorial.

DERONÍ, S. **Sinto, Logo Existo**. Inteligência Emocional e Autoestima. Instituto Sabbi, Ed. Alcance, 1999.

18

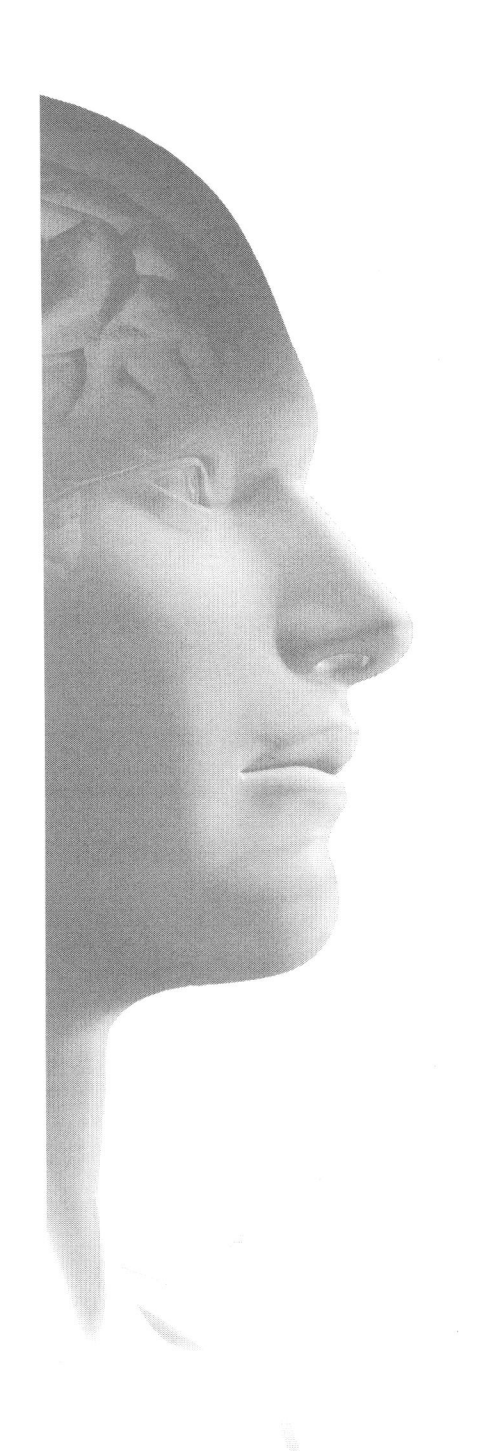

Deroní Sabbi

O poder das metáforas

Este é um dos temas que mais gosto de ensinar. As metáforas e contos são ferramentas muito poderosas que promovem mudanças, com utilidade na comunicação, na persuasão, na educação, na oratória, na psicoterapia, nos negócios e na vida. Estão presentes nas tribos, culturas desde tempos imemoriais. Tomam a forma de contos, adágios, parábolas, filmes e peças teatrais. São utilizadas para ensinar às gerações mais jovens a história e estórias de sua própria gente, dos antepassados míticos e heroicos.

O processo de comunicação da mente inconsciente é essencialmente a linguagem metafórica, analógica. A metáfora é uma forma de expressão que se refere direta ou indiretamente ao que foi apresentado como problema, ou serve de ilustração importante dentro da comunicação e transmite aos níveis mais profundos da mente uma mensagem impactante que atua sobre diversos aspectos da mente. Na Programação Neurolinguística (PNL) utilizam-se analogias, linguagem figurada, objetos, animais, seres imaginários ou linguagem hipnótica, com analogias que geralmente não usam as palavras no sentido que o dicionário as define. Toda comunicação verbal, de certa forma, é uma comunicação metafórica, uma vez que as palavras são símbolos que representam fatos e situações reais.

"Cada macaco no seu galho" ou "após a tempestade vem a bonança" significam que após uma fase difícil e crítica na vida vem um período de calma e tranquilidade. Quando dizemos "as paredes têm ouvidos", qualquer um entende claramente o que queremos transmitir: pode haver alguém escutando nossa conversa. Mas, embora a primeira expressão não seja verdadeira no sentido literal, produz muito mais efeito do que a segunda. A maioria das pessoas adora ouvir histórias. As metáforas fazem parte da linguagem cotidiana.

Como o conceito de metáfora é muito amplo, é importante fazer algumas distinções.

Figuras de linguagem - rápidas e simples:

"Estou numa encruzilhada."

"Vejo uma luz no fim do túnel." "Este é um divisor de águas."

"Tapar o sol com a peneira."

#1. Relacione pelo menos dez comparações desse tipo. Se estiver com outras pessoas, divirta-se colocando uma para a outra.

Provérbios e ditos populares - são máximas ou sentenças de caráter prático e popular, comum a todo um grupo social, expressa em forma sucinta e geralmente rica em imagens:

"Quanto maior a nau, maior a tormenta."

"Cachorro mordido de cobra tem medo de linguiça."

"Nas maiores tempestades se conhecem os grandes marujos."

#2. Relacione mais dez provérbios que você conhece.

Citações. São relatos sucintos vividos por outros e citados entre aspas, pelo autor do discurso ou do texto:

"Isto me faz pensar na pergunta que fulano fez durante..."

"Como teria dito o professor de português..."

"Gandhi dizia..."

#3. Relembre algumas citações.

Anedotas ou piadas são historietas engraçadas e cômicas sobre um fato real ou imaginário:

"Uma mulher encontrou um bêbado e disse: 'Seu bêbado'. E ele disse: 'Sua feia'. E ela repetiu ainda mais alto: 'Seu bêbado'. E ele respondeu: 'É, mas amanhã eu tô bom'."

#4. *Conte algumas anedotas aos colegas, relacionadas ao que está aprendendo.*

Mitos, contos e histórias. Histórias imaginárias, geralmente de origem popular, que colocam em cena heróis que encarnam forças da natureza ou aspectos da condição humana durante incidentes que não teriam acontecido, mas que fazem parte do inconsciente coletivo:

- *As mitologias greco-romanas, nórdicas, orientais, incas, dos índios americanos etc.*
- *Os contos de fada*
- *As mil e uma noites*
- *O herói do labirinto*
- *A caverna de Platão*
- O *mito do paraíso perdido.*

#5. *De quais outros você se lembra?*

Narrações e parábolas. São formas metafóricas mais completas e complexas, utilizadas inclusive na literatura universal. Para gerar mudanças no interlocutor a história há que possuir formas semelhantes à realidade vivida por ele.

Para tornar um tema mais impactante ou significativo podemos contar um caso ou uma história, o que permite uma maior fixação da essência do ensinamento. Ao contar uma história, conto, vivência, mito, exemplo, parábola, com a devida atenção aos sinais não verbais e à sintonia, a ressonância afetiva entre quem conta e quem a recebe promove na mente do sujeito um contato com experiências que vão muito além do que foi dito, enfatizando o tema. Uma metáfora funciona como os primeiros raios de sol que iluminam o ambiente e desfazem as trevas da noite.

Jesus falava em parábolas. Cerca de 40 são as mais conhecidas. Eis algumas:

- ✔ O semeador...
- ✔ O filho pródigo
- ✔ A semente de mostarda
- ✔ Talentos (Moedas de ouro)

    #6. Relacione as outras. Você pode pesquisar na internet procurando por "Parábolas de Jesus".

    #7. Relembre: quais os tipos de metáforas?

A utilidade das metáforas é ampla.

Pais podem usar as metáforas para inspirar melhores atitudes, orientar e direcionar o desenvolvimento moral de seus filhos.

Educadores podem utilizá-las para aumentar sua habilidade para motivar, manter a atenção dos alunos, apresentar e esclarecer conceitos, dar significado à informação apresentada, contornar resistências e passar as informações diretamente ao inconsciente do aluno, possibilitando a eles novas opções de aprendizagem.

Utilizada por diversas abordagens terapêuticas e pela PNL visando produzir um resultado específico e definido. A obra de Milton Erickson, uma das fontes que inspirou o desenvolvimento da PNL, inclui diversas formas, dependendo do efeito que se deseja, do conteúdo que se quer enfocar, do tempo disponível, do sujeito ou de um grupo de pessoas. Erickson usou bastante essa importante ferramenta nos transes hipnóticos e era muito hábil em promover grandes transformações de estado e disparar processos curativos a partir de metáforas.

Profissionais de saúde podem criar alternativas e soluções, ressignificando e reenquadrando sintomas em recursos, contornando resistências e modelando modos efetivos de comunicação.

Como instrumento de persuasão, negociação e vendas. Negociantes e gerentes podem desenvolver maneiras elegantes de esclarecer ideias, produzir motivação, persuadir, convencer e obter cooperação.

Como meio de propaganda e *marketing*; anúncios, símbolos, logotipos estão repletos de termos metafóricos.

A linguagem figurativa utilizada no processo da comunicação fica muito mais marcada do que o sentido literal das palavras. As metáforas podem ser:

a) **próximas,** quando se dirigem diretamente ao ponto desejado, é mais fácil de a analogia ser percebida.

b) **distante ou superficial**, quando o objetivo é amplo e não específico. Isso deixa a metáfora mais profunda.

As Metáforas Universais utilizam elementos comuns

O ciclo da vida: o nascimento, o crescimento, a maturidade, a morte

As estações: outono, inverno, primavera, verão

Os ciclos da lua: os meses, os anos, as eras, as idades da humanidade

Relações da vida: a criança, o pai, a mãe, o menor, o rei, o sábio

#8. Crie uma história combinando esses elementos.

*#9. **Construção de analogias.***

A metáfora é uma analogia a respeito de alguma coisa, no nível consciente, mas que sugere ou faz referência a outra, num nível mais profundo, inconsciente. É um processo de linguagem que consiste em fazer uma substituição analógica. Funcionam para cada pessoa de uma forma diferente, de acordo com as características de cada pessoa, e isso lhes dá um imenso poder.

Basicamente podem-se utilizar as metáforas de duas maneiras: Universais ou Isomorfas.

As **Metáforas Universais** são analogias que contêm padrões de processo previamente elaborados, como uma fábula ou história infantil. O sujeito se transporta para a história, adaptando-a aos seus próprios padrões internos e se identificando com os personagens e situações. Ele se projeta, se enxerga vivendo a estória, sente-se parte dela e ela passa a fazer sentido para si. O resultado dessa comunicação metafórica será mais imprevisível para o contador da história, uma vez que os padrões apresentados podem não coincidir exatamente com os padrões do sujeito.

As **Metáforas Isomorfas** são analogias construídas sob medida para uma situação específica. Sua construção exige que a situação seja modelada previamente, antes da montagem da história propriamente dita. O enredo, por sua vez, deve conter os processos modelados do sujeito.

Estes processos são treinados nos cursos de Practitioner em PNL, a que nos dedicamos desde 1992, que desenvolvem habilidades como calibração, sensibilização, reconhecimento de temas e padrões de linguagem, analogias com experiências das pessoas, boa formulação de objetivos, criação e narração de metáforas, linguagem para acompanhar os sistemas representacionais, *rapport*, reconhecimento e utilização dos critérios de escolha altamente valorizados, produção da estratégia de ligação, ressignificação e reenquadramento.

#10. Relacione 20 metáforas universais.

*#11. **Similaridades.***

1. O sujeito olha para cima para o seu próprio Visual Construído, faz gestos naquela direção e diz:

a) A vida (A) é como uma casa (B).

2. O guia acrescenta rapidamente uma frase descrevendo a primeira semelhança que vem à sua cabeça, não importa se é estranho ou não:

"É bom mantê-la arrumada."

"É preciso cuidar de sua manutenção."

"Deve ser erguida sobre uma base firme."

b) A vida (A) é como um barco (B):

"É preciso saber dirigi-lo para o ponto de chegada."

c) A vida (A) é como uma floresta (B)

"Cada animal vive do seu jeito."

d) As mulheres (A) são como o Sol... (B)

... iluminam nosso caminho.

... esquentam nossa cabeça.

Crie outros exemplos relacionando (A) e (B).

#12. Lembre-se dos personagens das histórias que você gostava quando criança.

#13. Quais heróis ou personagens você se lembra de ter lido ou visto em filmes?

#14. Você já olhou com atenção para a riqueza e o simbolismo das cartas de tarô ou das histórias das cartas do caminho sagrado, dos índios americanos? Ou para as figuras do tarô?

#15. Similaridade.

O sujeito diz "Minha situação é...", com alguma queixa ou situação pessoal.

O guia faz uma pergunta do tipo "Isto se parece...?" A pergunta contém uma analogia que pode conferir mais ou menos com a situação descrita pelo sujeito. Tanto o guia quanto o observador vão estar observando e calibrando a congruência do sujeito para verificar até que ponto a analogia conferiu com a experiência. Se não conferiu, o observador pergunta: "Então, parece com... ?", novamente observando e calibrando até obter a congruência.

Alternar os papéis e relatar a experiência.

*# 16. **Metáfora para mudança pessoal.***

a) Descubra o **estado atual do cliente,** suas insatisfações, suas dificuldades e os problemas que enfrenta.

b) Busque a definição do **estado desejado** do cliente, ou seja, aonde quer chegar, como será a satisfação e a solução para os problemas apontados.

c) A metáfora será a história ou a jornada de um ponto para o outro.

Decodifique os elementos de ambos os estados: pessoas, lugares, objetos, atividades, tempo, sistemas representacionais e submodalidades.

d) Na sequência do processo se escolhe um contexto adequado para a história. De preferência um que seja interessante, e substitua os elementos do problema por outros, mantendo a relação entre eles.

e) Criar a trama e o roteiro da história de maneira que ela tenha a mesma forma do **estado atual** e conduzir, através da estratégia de ligação, até a solução do problema, o **estado desejado**.

Portanto, o desenvolvimento de habilidades para utilização das metáforas pode ser um caminho cada vez mais claro e direto, desde os vales até os montes, mostrando perspectivas cada vez mais amplas para uma vida mais saudável, próspera e feliz.

Jornada do Herói

Existem várias formas de se contar uma história, mas o modelo conhecido como "**Jornada do Herói**" é um dos mais convincentes e utilizados na história da humanidade. Está presente na maior parte das histórias mais conhecidas e grandes escritores a utilizam para roteirizar seus contos. Joseph Campbel estudou profundamente os mitos de todos os tempos e é uma fonte para quem quer estudar mais o tema. Você pode ver um filme descritivo sobre a jornada do herói ou ler uma descrição dos 12 passos da jornada do herói.

> *# 17. Relacione alguma época de sua existência em que percebeu a Jornada do Herói se desenrolando em sua vida.*
>
> *#18. Relacione a Jornada do Herói a algum filme que viu, ou livro que leu...*
>
> *#19. As metáforas ecológicas e com inspiração em virtudes e valores são um dos instrumentos mais poderosos para inspirar atitudes éticas e até mesmo moldar o caráter.*

Existem muitos livros e *sites* com bom repertório de metáforas, como, por exemplo, em www.metáforas.com.br

Experimente ler ou contar uma história em tom afetivo, e com fundo moral e ético para seus filhos ou alunos a cada dois ou três dias ou até diariamente e faça uma sequência desses eventos e você descobrirá um poder de influência e modelagem imensos. Boas histórias podem inspirar um mundo melhor.

Referências bibliográficas:

O'CONNOR, J.; SEYMOUR, J. **Introdução à Programação Neurolinguística**. São Paulo: Summus Editorial, 1990.

CARVALHO, J. N. Artigo Metáforas na Educação, 1999.

O'CONNOR, J. **Manual de Programação Neurolinguística**: PNL: um guia

prático para alcançar os resultados que você quer. Rio de Janeiro: Editora Qualitymark, 2013.

ANDREAS, S.; FAULKNER, C. **PNL - A Nova Tecnologia do Sucesso.** Equipe de Treinamento da NLP Comprehensive. Editora Campus-Elsevier Ltda.

DERONÍ, S. **Sinto, Logo Existo**. Inteligência Emocional e Autoestima. Instituto Sabbi: Editora Alcance, 1999.

ROMA, A. **PNL para Professores.** São Paulo: Editora Leader, 2014.

CAMPBELL, J. **A Jornada do Herói - Vida e Obra**. Editora Ágora.

Apostila de formação em Practitioner do Instituto Sabbi - Sociedade Brasileira de Desenvolvimento do Potencial Humano.

19

Ana Teles

Libertando sua Mente com PNL

Estratégias de Modelagem e TOTS

Modelagem

"A Modelagem do comportamento envolve a observação e o mapeamento dos processos bem-sucedidos que formam a base de algum tipo de desempenho excepcional." Robert Dilts

Já aconteceu com você de ter se surpreendido com algo que você fez, algo com um resultado tão impactante que você se perguntou: "UAU!!! Como consegui fazer aquilo?"

A PNL nos ensina a entender e a modelar nossos resultados extraordinários para que possamos repeti-los e até mesmo ensinar a modelagem desse processo para outras pessoas.

A pressuposição que embasa a Modelagem é a de que, se uma pessoa faz uma coisa bem feita, você também pode fazer; basta seguir o passo a passo que o modelo seguiu.

A Modelagem é o processo de codificação do talento. É a compreensão, através de técnicas específicas, de como as coisas funcionam, como uma pessoa constrói a sua *expertise*, como ela faz para obter resultados consistentes. O propósito da Modelagem comportamental é criar um 'modelo' desse comportamento de forma a possibilitar a sua reprodução por outra pessoa, na mesma sequência de padrões de pensamentos, incluindo traçar o perfil de comportamentos/fisiologia, crenças e valores, estados internos e estratégias.

Modelagem do comportamento envolve a observação e o mapeamento do processo do desempenho da *expertise* de alguém. Ela sugere que devemos assimilar primeiro o processo todo, para depois segmentá-lo em partes, facilitando assim encontrar as respostas para "O Quê", "Como", "Quando" e em que ordem os elementos são arranjados.

Os procedimentos da Modelagem na PNL envolvem a descoberta de como o cérebro ("neuro") está operando, a análise dos padrões de linguagem ("linguística") e a comunicação não verbal. Os resultados desta análise depois são colocados em estratégias de passo a passo ou programas ("programação") que podem ser usados para transferir essas habilidades para outras pessoas e áreas.

Qual o segredo do sucesso?

O que é essencial de determinado padrão comportamental? No que determinada pessoa acredita, que permite que ela tenha determinado desempenho no exercício de determinada atividade? Quais estratégias mentais trazem o "como" fazer determinada coisa? É isso que a PNL faz, decodifica essas estratégias e dá um guia a ser seguido.

Fases

O Processo de Modelagem se divide em três fases, que se observadas com sucesso tornam possível modelar qualquer comportamento humano.

1ª fase: observar o modelo enquanto ele está tendo o comportamento que se quer modelar. A pessoa se concentra naquilo que o outro faz (comportamento e fisiologia), como ele o faz (estratégia do pensamento interno) e por que ele o faz (crença e pressuposições em que se apoia). Aquilo que ele faz pode ser obtido através da observação direta; o como e o porquê são obtidos através de perguntas.

2ª fase: analisar sistematicamente os elementos do comportamento do modelo para identificar o que faz a diferença. Levantar o máximo de elementos do comportamento e depois fazer a análise do que realmente é necessário. Perceber uma situação ou um comportamento a partir de múltiplas perspectivas permite à pessoa obter *insights* e conhecimentos mais amplos com relação ao modelo.

3ª fase: elaborar uma rotina para ensinar as habilidades inerentes ao processo de modelagem a outras pessoas. Se observadas todas as fases, obteremos os mesmos resultados da pessoa modelada.

Para que consigamos um resultado efetivo no Processo de Modelagem, precisamos dominar as crenças, a fisiologia e os processos mentais.

Três perspectivas básicas em Modelagem

A PNL descreve três posições de perspectivas, a partir das quais podemos coletar e interpretar as informações. Todas são fundamentais para um resultado efetivo em uma modelagem do comportamento.

Estratégias de modelagem

Estratégia é a maneira como a pessoa organiza seus pensamentos e comportamento para desempenhar com sucesso uma tarefa.

Uma metáfora para os componentes e uso das estratégias vem da área da culinária. Uma receita não é nada mais do que uma estratégia, um plano específico. Primeiro você precisa dos ingredientes certos: **os sistemas representacionais**. Você precisa as qualidades e quantidades dos ingredientes: **as submodalidades**. Você precisa saber quando fazer o quê e em que ordem: **meta e sequência**.

O que aconteceria se, ao bater o bolo, você usasse primeiro o que o confeiteiro pôs no fim? Você produziria um bolo da mesma qualidade? Certamente que não! Se, no entanto, usar os mesmos ingredientes, nas mesmas quantidades, na mesma sequência então é claro que obterá resultados similares.

Estratégias são como a combinação para o cofre dos recursos de seu cérebro. Mesmo que conheça os números, se não usá-los na sequência certa, você não será capaz de abrir a fechadura. No entanto, se pegar os números e a sequência certos, a fechadura abrirá todas as vezes. Assim, você precisa encontrar a combinação que abre seu cofre e também aquela que abre o cofre das pessoas. Quais são os blocos de construção da sintaxe? Nossos sentidos. Lidamos com *inputs* sensoriais em dois níveis - interno e externo. Sintaxe é a maneira como juntamos os blocos do que experimentamos externamente e o que representamos para nós, internamente. Por exemplo: você pode ter duas espécies de experiências visuais.

Metodologia da Modelagem

Um dos aspectos mais importantes da Modelagem é a metodologia usada para coletar informações e identificar os elementos essenciais e padrões relativos às estratégias utilizadas pela pessoa que está sendo modelada.

O modelo geral de uma estratégia é conhecido como o TOTS (Teste-Operação-Teste-Saída). Este foi formulado pela primeira vez nos planos de livro e da Estrutura do Comportamento por George Miller, Eugene Galanter e Karl Pribam publicado em 1960.

Segundo os autores, o cérebro recebe um estímulo e, antes de emitir uma resposta, executa um complexo trabalho neuronal. O estímulo é internalizado e o cérebro executa uma comparação entre o sinal produzido pelo estímulo com seus próprios padrões de referência. O resultado da comparação emitirá uma resposta que só encerrará o processo se encontrar uma congruência. A congruência produzirá uma resposta de saída e a incongruência cria um conflito que irá gerar uma resposta de operação realimentando o processo por uma modificação no estímulo original ou no padrão de referência.

O TOTS representa um padrão básico de estrutura no qual os elementos eliciados pela pesquisa de uma estratégia se encaixam funcionalmente de forma elegante e facilmente compreensível ao pesquisador, ficando rapidamente evidente o elemento que falta em um mapeamento eventualmente incompleto.

O TOTS é a unidade básica para se identificar uma sequência comportamental completa, ou seja, com começo, meio e fim.

A estratégia é um instrumento de análise, decompondo o processamento cerebral em seus elementos unitários. Ao invés de uma sequência linear de passos, as habilidades a serem modeladas estão organizadas em torno do TOTS, que é a estratégia inconsciente do indivíduo.

De acordo com a PNL, a fim de modelar efetivamente uma habilidade ou determinado desempenho, precisamos identificar cada um dos elementos-chaves do TOTS relacionados a esta habilidade ou desempenho:

1. As metas do executor.
2. O conjunto de escolhas usado para alcançar a meta e os componen-

tes específicos usados para implementar essas escolhas. A maneira como o executor reage se a meta não é atingida inicialmente.

3. A evidência ou procedimentos de comparação usados pelo executor para determinar o progresso com relação às metas.

Além do TOTS são utilizadas outras distinções e metodologias dentro da PNL no processo de Modelagem. Entre aquelas que geralmente são muito úteis estão:

✓ Sistemas representacionais; estratégias (sequência); motivação;

✓ OEO (Objetivo, Evidência, Operação); pressuposições/crenças; submodalidades; princípios de classificação do metaprograma; posição perceptiva e alinhamento.

Eliciando uma estratégia

Eliciar ou evocar uma estratégia consiste em descobrir e anotar, passo a passo, a sequência de processos de percepção de uma experiência representada, de algum modo descrita ou evidenciada por uma pessoa. Há várias etapas para descobrir qual é o processo de percepção subjacente a uma experiência, cada uma delas podendo ser um método completo.

1. A primeira etapa consiste em **observar a pessoa vivendo a experiência**.

2. **Imitar as sequências de comportamentos**, incluindo linguagem, gestos e posturas, é bastante esclarecedor sobre que processos internos estão ocorrendo. Os exercícios de imitação são uma forma muito eficaz de Modelagem. Há posturas que determinam emoções, que facilitam a audição, e que propiciam o acesso a imagens mentais, posturas essas que são bastante universais.

3. **Apresentar, imitar ou reproduzir a parte do contexto** em que a estratégia acontece é um método bastante eficaz para trazer a estratégia.

4. **Repetir ou exagerar uma parte da estratégia** ajudará a pessoa a transderivar toda a estratégia.

5. **Fazer perguntas diretas** sobre os comportamentos relacionados com a estratégia. Esse é o método mais utilizado, uma vez que ele supera e inclui todos os outros (não deve, entretanto, eliminar as outras etapas,

já que cada uma delas fornece níveis diferentes de compreensão). Ao responder uma pergunta referente a sua experiência é preciso acessar as estratégias com ela relacionadas. Então, o método consiste em fazer as perguntas adequadas para que a pessoa descreva a experiência, com a maior clareza possível. Toda pergunta que solicita uma descrição da experiência em termos de processo pode ser adequada:

✓ **Estratégia de motivação:** você se lembra de alguma vez em que esteve realmente motivado para fazer alguma coisa?

✓ **Estratégia de decisão:** quando foi a última vez que você tomou uma decisão importante?

✓ **Estratégia de criatividade:** como é para você ficar excepcionalmente criativo? Veja no próximo capítulo a estratégia Disney.

✓ **Estratégia de flexibilidade:** como é para você ficar mais flexível? Quais são as coisas que acontecem enquanto você está trabalhando em um projeto novo de residência?

✓ Quando é que você foi realmente bom para planejar uma empresa?

A pessoa responde a essas perguntas sem a consciência de que, ao respondê-las, estará mostrando as estratégias. Muitos são os caminhos pelos quais o observador poderá saber qual é o sistema de representação utilizado em determinada extensão da experiência. Os predicados verbais, os gestos e as pistas oculares de acesso devem ser conferidos em conjunto, uns com os outros, para que se possa ter mais certeza.

Estratégia de Flexibilidade New Orleans

Pretende desenvolver flexibilidade para atuar com comportamentos que você abomina ou que não consegue sequer se imaginar fazendo. Embora você não consiga imaginar que possa precisar do comportamento, pode ser importante para você ser capaz de usá-lo. O propósito do exercício é remover barreiras internas à sua flexibilidade, ensinando a habilidade de desempenhar comportamentos estranhos a você. O sujeito escolhe um comportamento que seja desconfortável para si, mas que possa ser útil em algum momento. Descreve o comportamento e o contexto no qual gostaria de usá-lo com o guia.

O guia ajuda o sujeito a encontrar e acessar os recursos que necessita para desempenhar o novo comportamento. O sujeito faz sua autoâncora desses recursos.

O guia proporciona o contexto apropriado que o sujeito definir no passo 1 para facilitar ao sujeito a demonstração do novo comportamento.

Mantendo-se em estado de recursos, disparando a própria âncora, o sujeito pratica sua habilidade de acessar os recursos que necessita para o novo comportamento.

Demonstração com o guia: o sujeito começa sem recursos, e à medida que a cena se desenrola ele acessa o próprio estado de recursos e o novo comportamento. O objetivo é que o sujeito consiga acessar os recursos e o novo comportamento quando bem o desejar.

Conclusão

Modelar é aprender os segredos da excelência comportamental, através da duplicação das estratégias neurológicas das pessoas que já encontraram as respostas mais eficientes para conseguir desempenhar com êxito a sua *expertise*. Significa aprender o processo pelo qual elas geraram os comportamentos que as levaram a obter os resultados que obtiveram e repeti-lo, de acordo com as nossas necessidades, o nosso contexto e os recursos que temos.

Se identificarmos e codificarmos a nossa estratégia para atingir as nossas metas, conheceremos quais as chaves a serem utilizadas para iniciar o processo de modelagem e como produzir os resultados que queremos.

Referências bibliográficas:
O'CONNOR, J.; SEYMOUR, J. **Introdução à Programação Neurolinguística**. SÃO PAULO: Summus Editorial, 1990.
ANDREAS, S.; FAULKNER, C. **PNL - A Nova Tecnologia do Sucesso.** Equipe de Treinamento da NLP Comprehensive. Editora Campus-Elsevier Ltda.3. INAp – Instituto de Neurolinguística Aplicada.
Apostila Básico de Programação Neurolinguística. Rio de Janeiro, 2010. 98p.
KNIGHT, S. **A Programação Neurolinguística e o Sucesso nos Negócios**: A Diferença que faz Diferença. Ediouro.
BANDLER, R.; GRINDER, J. **Sapos e Príncipes**. Summus Editorial.

20

Deroní Sabbi

Libertando sua Mente com PNL

Níveis neurológicos e ecologia

*"Tentar resolver um problema num nível diferente
daquele em que ele ocorreu é como ensinar
Braille para um analfabeto."*

Robert Dilts comparou os diversos graus de complexidade dos circuitos neurológicos com equivalentes de processos mentais e psicológicos, criando o que ele chamou de "Níveis Neurológicos" (NNL) do processamento cerebral, que constituem talvez o processo isolado de PNL mais estudado atualmente. Esse importante sistema de compreensão de processos mentais ainda não está completamente definido e, em princípio, classificou-os da seguinte maneira:

A ilimitada possibilidade do Ser modifica os papéis sociais (identidade), que modificam o conjunto de crenças e valores, que modifica o conjunto de capacidades, que modifica os comportamentos específicos, que **modificam os fatores do ambiente.**

O nível do AMBIENTE se refere aos fatores do mundo externo que determinam oportunidades e limitações às quais a pessoa está reagindo.

NÍVEIS NEUROLÓGICOS (Robert Dilts)

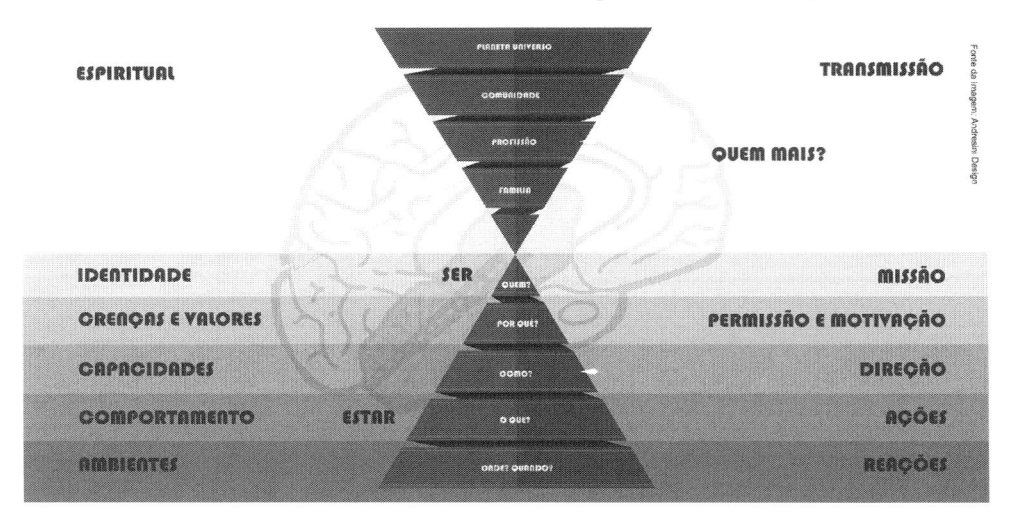

ESPIRITUAL	PLANETA UNIVERSO	TRANSMISSÃO
	COMUNIDADE	
	PROFISSÃO	QUEM MAIS?
	FAMÍLIA	
IDENTIDADE	SER — QUEM?	MISSÃO
CRENÇAS E VALORES	POR QUÊ?	PERMISSÃO E MOTIVAÇÃO
CAPACIDADES	COMO?	DIREÇÃO
COMPORTAMENTO	ESTAR — O QUÊ?	AÇÕES
AMBIENTES	ONDE? QUANDO?	REAÇÕES

Fonte da imagem: Archiesin Design

Perguntas do tipo "onde?", "quando?", "em que contexto?" dão os fatores do nível do ambiente como resposta. Isso engloba o tipo de sala, comida, nível de ruído, iluminação e outros que envolvem o grupo. Esses estímulos externos afetam as respostas e os estados dos membros do grupo e precisam ser considerados como parte do processo de liderança. O nível do ambiente tem a ver com reações e limites. A PNL tem contribuições úteis a fazer visando a estruturação ótima do ambiente do grupo.

✓ O nível do **COMPORTAMENTO** contém as ações e respostas específicas da pessoa no que se referem às ações externas observáveis do sujeito.

A pergunta padrão para determinar o nível do comportamento é "o que você faz para...?" Seriam os comportamentos/atividades específicas que os participantes dentro do grupo vão experienciar e se envolver. Os comportamentos específicos em que as pessoas se engajarão ativamente, como tarefas e exercícios, envolvem um compromisso considerável de sua neurologia e sempre servem como teste "primário" dos objetivos da liderança. Têm a ver com ações.

✓ O nível das **CAPACIDADES** contém as atitudes internas, estratégias ou mapas mentais relacionados com o processo em questão. A pergunta "Como?" dá respostas do nível da capacidade. Tem a ver com as estratégias mentais e mapas que os participantes desenvolveram para guiar seus comportamentos específicos. Engajar-se em comportamentos não assegura que o aprendizado acontecerá. As estratégias cognitivas que são ensinadas para aprender como selecionar e guiar esses comportamentos determinam se alguém realmente desenvolve as capacidades necessárias para, contínua e elegantemente, realizar as habilidades comportamentais que esteve aprendendo. O grau no qual os membros do grupo são capazes de generalizar alguma coisa para novas situações e outros contextos é uma função de suas capacidades mentais. A função de capacidades é direcionar a realização de objetivos.

✓ O nível das **CRENÇAS** contém os suportes que motivam ou desmotivam e permitem, impedem ou limitam o processo, que se explica no nível das crenças. A pergunta "por quê?", mais num sentido explicativo e motivacional e menos num sentido causal, dá respostas do nível das crenças. Tem a ver com os VALORES, metaprogramas e sistemas de crenças do grupo. Somando-se ao desenvolvimento de habilidades comportamentais e capacidades, um programa de liderança deve, também, se dirigir às pressuposições, crenças e valores dos participantes. A maneira na qual o aprendizado se encaixa ou não nos sistemas de valores pessoais ou culturais do grupo vai determinar como isto vai ser recebido e incorporado. Crenças têm a ver com permissão e motivação.

✓ O nível da **IDENTIDADE** define a que papel está relacionado o processo em questão. Perguntas do tipo "Qual é o seu papel relacionado com...?" ou "Quem é você que..." Envolve o sentido do *self* experimentado pelo grupo ou membros do grupo. Questões de identidade são aquelas que estão na essência do grupo. Identidade é de alguma forma difícil de definir com precisão. É mais abstrata que as crenças e tem a ver com os níveis mais profundos de incorporação de informação, responsabilidade por aquilo que se aprende e compromisso de colocá-las em ação. Identidade tem a ver, primariamente, com a missão.

✓ O nível **ESPIRITUAL** fala ao mesmo tempo de algo muito amplo e muito essencial, o Global e o "Eu" maior, a Totalidade. A pergunta é "Quem sou Eu?" como Ser Universal. "Qual é a minha finalidade na existência?"

Tipos de mudança segundo a PNL

Mudança Evolutiva se relaciona à identidade, inclui mudanças de missão e propósito.

Mudança Generativa está relacionada à mudança em nível de identidade. inclui mudança em motivações, permissão e direção.

Mudança Remediativa: mudança em nível de comportamentos e ambiente.

Mudança em ações e reações.

EXERCÍCIO: mapeamento com NNL:

Para o exercício, formar grupos de três, no padrão guia, sujeito e observador. O explorador vai apresentar um problema comum do seu dia a dia. O guia vai fazer as perguntas para definir o problema em cada nível lógico. O observador vai acompanhar o processo e definir, no final, em que NNL o problema apresenta fatores mais importantes. Apresentar relatório no grande grupo.

O domínio dos NNL é adquirido através de intenso treinamento, mas pode ser altamente compensador, em função do grande número de *insights* que o modelo oferece a respeito dos processos mentais e da ecologia. É um modelo bastante ágil, tanto para a solução de problemas quanto para a produção de excelência.

Metáforas para NNL

As metáforas nos levam, por caminhos mais fáceis, a apreender sistemas complexos contornando os complicados raciocínios lógicos. Além disso, cada praticante pode escolher a metáfora mais adequada para a sua utilização específica.

Robert Dilts utilizou os diversos graus de complexidade do sistema nervoso como metáfora para NNL. O nível espiritual se relaciona ao sistema nervoso como um todo. A identidade se relaciona à função profunda, à sustentação da vida, imuno, endócrino. As crenças e valores ao sistema nervoso autônomo e a respostas inconscientes. Capacidades ao nível do sistema cortical e ações semiconscientes. O comportamento ao sistema motor, piramidal e cerebelo e ações conscientes. O ambiente ao sistema nervoso periférico. Sensações e reações reflexas.

Pessoas ligadas ao esoterismo têm utilizado os sete chakras e os seus níveis de energia como metáforas para NNL.

Outros a ligam ao **Espectro das Cores**: vermelho, amarelo, laranja, verde, azul, anil, violeta — cada cor correspondendo metaforicamente a um nível.

Outros a associam a escadas, torres, e outras disposições verticais ajudam a discriminar os níveis.

Exercício de alinhamento na educação

"Qual é minha missão? Qual é a minha visão para a aprendizagem? A quem mais eu estou conectado?"

"Quem sou eu? Que tipo de pessoa eu sou em relação à aprendizagem?"

"Por que eu quero aprender essas habilidades e mudar esses comportamentos?

"O que eu acredito sobre o processo da aprendizagem?"

"Que valores são importantes?"

"Como eu aprendo fácil e eficientemente? Que habilidades eu tenho agora, e que estratégias e habilidades eu quero que sejam adicionadas?"

"O que eu faço quando aprendo eficientemente?

"Que comportamentos me trazem sucesso?"

"Onde e quando eu quero aprender?"

"Que elementos fazem meu ambiente apoiar meu estado de aprendizagem?"

Agora, saia para o seu mundo e manifeste este enriquecido estado de ser, através de suas ações, tendo determinação e um aumento na sensação de força, segurança, curiosidade e divertimento!

Ecologia e metas

Você pode fazer uma verificação ecológica da meta para proteger a integridade das pessoas, das organizações e das relações importantes que elas mantêm com seu contexto. Busque verificar que efeito tem a mudança ou projeto sobre: a pessoa ou sistema • pessoas significativas • a sociedade • o planeta. Sem esse cuidado muitas mudanças e projetos podem não ocorrer ou, se ocorrerem, poderão trazer-lhes prejuízos. As verificações de ecologia buscam informações em três focos, para os quais você deve dirigir sua atenção:

1. Suponha que a realização desta meta lhe trouxesse algum dano ou prejuízo não identificado a princípio. Que dano ou prejuízo poderia ser?

2. Partindo do princípio de que todo comportamento ou reação tem alguma função útil, o seu estado atual poderia ter alguma função ou ganho?

3. Quando uma pessoa pede alguma coisa, examine as crenças e pressuposições que justificam o que ela está pedindo e como ela pede o que quer. Há algo nelas que pode prejudicá-la ou a alguém, sem que perceba?

4. Você identifica algum tipo de incongruência, conflito ou problema de ecologia no que a pessoa está pedindo?

5. Ao buscar um objetivo, geralmente há algo de que a pessoa precisa abrir mão. Se você tivesse necessariamente de abrir mão de algo, mesmo que seja algo que pareça insignificante, o que seria?

6. Que problemas poderiam ser causados pela mudança proposta?

7. Se houvesse algum efeito colateral indesejado, qual seria?

8. Você levou em consideração os estados internos, os processos internos e os comportamentos externos de todas as outras pessoas importantes com respeito à mudança proposta? Pergunte-se continuamente: "Deixei de considerar alguma coisa?"

9. **Pergunta direta ao consciente:** você imagina algum problema ou dificuldade que pode surgir se você obtiver isso que você quer?

10. **Pergunta direta ao inconsciente:** se você se voltar para dentro de você mesmo, existe alguma parte sua que faça alguma objeção ou não goste do que você deseja? Fique atento aos sinais inconscientes.

11. **O que impediu** você ou o sistema de ter feito essa mudança anteriormente?

12. **O que você poderia ter perdido**, ou que dificuldades você poderia ter encontrado, se você tivesse feito essa mudança há mais tempo?

13. Você pode fazer um **jogo de polaridades** e exagerar para forçar uma resposta:

"Vai ser realmente ÓTIMO; ABSOLUTAMENTE NENHUM tipo de problemas, TUDO dando certo perfeitamente!"

Ou você pode forçar diretamente: "Eu sei que existem problemas com isso que você quer, e eu não vou continuar até que você tenha identificado cuidadosamente cada um deles".

14. **Generalização**. A mudança poderá se generalizar a todas as situações que o sujeito (e não o guia) acha que são parecidas, consciente ou inconscientemente. Para descobrir como o cliente generaliza, ancore cinestesicamente a resposta indesejada e use a Busca Transderivacional para descobrir outros contextos nos quais o estado problemático esteja ativo.

15. **Mudança de índice referencial.** *Você pode considerar o ponto de vista de pessoas significativas que irão reagir à mudança?*

16. **Observação de outra pessoa.** Pergunte: "Se alguém que você conhece tivesse conseguido este resultado desejado, neste caso o que poderia vir a causar problemas para ele?"

17. **Estrutura "como se"**. Conduza o sujeito ao futuro e intensifique sua experiência de estar lá. Faça com que ele "reveja" situações passadas e os ajustes que se fizeram necessários: "Vá para o futuro, para um momento em que você já alcançou o que você deseja... (intensifique a experiência). Observe agora em seu passado onde o novo comportamento foi usado; lembre-se de observar outras mudanças que foram necessárias para ajustar seu resultado desejado, que outras mudanças ocorreram a partir do resultado desejado etc.

18. **Ponte ao Futuro.** "Enquanto você experimenta esses comportamentos em sua imaginação, observe o que acontece. Fazendo uma ponte ao futuro, existe algo que você não gosta em relação a esta nova alternativa de comportamento ou em relação às suas consequências?" Imagine-se dentro da situação e responda novamente a esta pergunta.

19. **Representação do papel.** Faça com que o sujeito represente ativamente o novo comportamento nos principais contextos de sua vida, no trabalho, em casa etc. e para pessoas que têm relevância para ele (mulher, filhos, chefe etc.). Verifique VOCÊ MESMO e julgue o que poderia ser um problema, se for o caso. Você poderá também combinar a representação do papel com outras verificações ecológicas - ponte ao futuro (n° 18), observação de outra pessoa e mudanças de índice referencial (n° 15). O cliente pode fazer a representação de si mesmo, de pessoas significativas para ele, de outras pessoas que reagiriam à mudança ou de observadores da mudança. Além de ser útil como verificação ecológica, a representação de papéis é também uma poderosa ponte ao futuro, com ensaio em diversos contextos e em todos os sistemas representacionais.

Referências bibliográficas:

DILTS, R. **Neuro-Linguistic Programming**. Vol. I.
(com John Grinder, Richard Bandler e Judith DeLozier, 1980).
DILTS, R. **Crenças: Caminhos para a Saúde e o Bem-estar**. 1990.
DILTS, R. **A Estratégia da Genialidade**. 1994-1995.
DILTS, R. **Aprendizagem Dinâmica**. Vol. I (com Todd Epstein, 1995).
DILTS, R. **Visionary Leadership Skills**. 1996.

Libertando sua Mente com PNL

21

Lisete Gorbing e
Deroní Sabbi

Estratégias de criatividade, reação a críticas, flexibilidade e S.C.O.R.E.

Neste capítulo teremos a prática dessas estratégias para incorporá-las, através dos exercícios, em sua experiência.

Estratégia Disney

Uma das estratégias de Modelagem mais conhecidas na Programação Neurolinguística (PNL) foi elaborada por Robert Dilts, um dos pais da PNL, quando estudou o comportamento de pessoas que conseguiram grande destaque em sua área de atuação para estabelecer padrões que pudessem ser seguidos por outras pessoas. É a Estratégia Disney, amplamente utilizada em sessões de Coaching e modelagem do comportamento, idealizada por Dilts quando estudou Walt Disney e o seu método criativo e singular para desenvolver filmes e desenhos animados.

Assumia a fisiologia de três identidades ou personagens: o sonhador, o realista e o crítico; cada um com uma atribuição. Passava pelas posições dos personagens tantas vezes quantas fossem necessárias.

Walt Disney fundamentou seu pensamento empresarial da seguinte forma: "Eu sonho, testo os meus sonhos, mesmo contra as minhas crenças, ouso correr riscos, e executo o meu plano, para que esse sonho se torne realidade".

Sua estratégia de decisão era basicamente constituída de três etapas, através de três personagens, neste processo de modelagem:

O **SONHADOR**, o qual a pessoa deve ver claramente em sua mente e é necessário para a geração de novas ideias.

O **REALISTA**, a pessoa deve sentir cada expressão e cada reação que formam essa ideia. Transforma essas ideias em expressões concretas.

O **CRÍTICO**, que tomando uma distância percebe com "olhos de águia" se há alguém de mais ou de menos. A apresentação da ideia será interessante ou atrativa para a realização do seu objetivo? O crítico serve de filtro ou estímulo para refinamento do propósito. Com o olhar do crítico vemos com olhos de detalhes e minúcias para que não sejamos influenciados pelo sonhador.

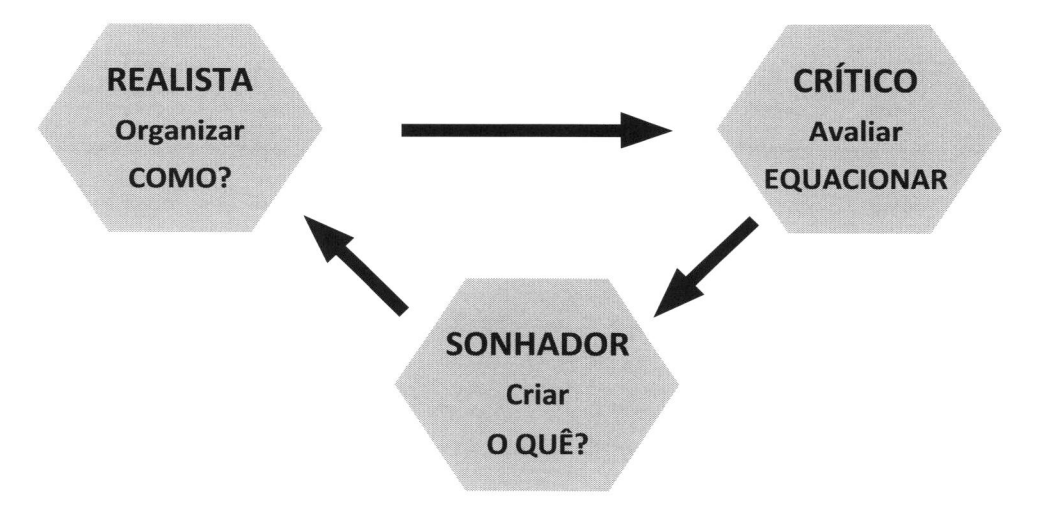

REALISTA
Organizar
COMO?

CRÍTICO
Avaliar
EQUACIONAR

SONHADOR
Criar
O QUÊ?

Estratégia Disney passo a passo

ETAPA 1 – CONSTRUÇÃO CONSCIENTE

Fase do sonhador: QUERER

O sujeito vai para o lugar do sonho e assume a fisiologia apropriada para a função de sonhar - visual construído -, ou seja, cabeça e ombros levantados, olhos para cima e vagando da esquerda para a direita. Na porção ligeiramente acima e à direita de seu campo visual, a uma distância confortável, coloque mentalmente diante de você uma tela de projeção.

Nesta fase se estabelecem novas metas e se avaliam os possíveis ganhos, criando um quadro de como seria o projeto realizado. O guia pergunta ao sujeito:

Qual é o projeto dos seus sonhos?
Descreva-o quando estiver realizado (o que você vê, ouve e sente?).
Qual é a razão para você fazer isso? O que você procura?
Por que você crê que o seu projeto dará certo?
Quais serão os ganhos e vantagens do seu projeto?
Quais são os critérios para avaliar o sucesso do projeto?
Como você vai saber que está avançando?
Quando você espera concluir o seu projeto?
Onde você quer estar no futuro?
Quem você gostaria de modelar?

Fase do realista: COMO FAZER

O sujeito assume a fisiologia apropriada para a função de autoavaliação - cinestesia -, cabeça e olhos para baixo e para a direita, braços cruzados diante do corpo. Faça-o na 1ª posição de percepção, associada.

Aqui você vai confrontar o seu sonho com as injunções do mundo real, físico e financeiro.

Especifique o objetivo em termos positivos para operacionalizar o sonho. Implemente e realize o objetivo. Estabeleça parâmetros de tempo e marcadores de progresso. Certifique-se de que pode ser feito e mantido.

O guia pergunta ao sujeito:

Como, especificamente, a ideia será implementada?

Quais são os critérios para avaliar o desempenho?

Quem vai fazer? (distribuir responsabilidades e conseguir comprometimento das pessoas envolvidas).

Quando e como vai ser implementada cada fase?

Qual é a importância de cada fase do projeto?

Fase do crítico: ONDE PODE DAR ERRADO?

O sujeito assume a 2ª posição perceptiva associada e a fisiologia de diálogo interno - cabeça e olhos para baixo e para a esquerda e mão tocando o rosto.

Identifique possíveis ameaças, falhas, desafios e problemas com a intenção de melhorar o planejamento e execução do projeto. O guia pergunta ao sujeito:

O que falta? Quais são os pontos fracos?

Quem poderia se opor ao projeto?

O que você perde com a realização do projeto? O que outras pessoas poderiam perder?

O que você ganha? O que precisa fazer para manter esses ganhos?

Que coisas positivas você consegue com sua maneira atual de agir?

O que precisa mudar? Como vai mudar? Quando?

Onde, quando e com quem você não gostaria de implementar esse projeto?

Quais são os limites de aplicação do projeto (tempo, espaço, financeiro etc.)?

ETAPA 2 – INTEGRAÇÃO INCONSCIENTE

Esvaziando seu processamento consciente, ou seja, sem pensar em nada, percorra de seis a sete vezes, de forma mais ou menos rápida, o caminho de um lugar para outro, começando e terminando no lugar do sonho.

Faça apenas uma parada de cerca de três segundos em cada lugar e adote aí a respectiva fisiologia: sonho/visual construído, realidade/cinestesia, crítica/diálogo interno.

Durante esse passeio, você pode solfejar ou cantar (em voz alta ou em silêncio) uma cantiga de roda ou uma canção de que você goste.

É uma boa técnica para dissociar-se do lado consciente da experiência.

No final, imagine a meta sendo alcançada. O guia e o observador batem palmas e celebram.

Este exercício é muito eficiente, pois promove uma série de *insights* sobre os riscos envolvidos e as opções disponíveis para atingir um determinado objetivo.

Na "culinária da experiência humana os ingredientes são nossos cinco sentidos". Todos os resultados humanos são construídos ou criados a partir de algum uso específico dos sistemas representacionais visual, auditivo, cinestésico, gustativo e olfativo e de suas submodalidades.

Estratégia de criatividade e SCORE

Procedimento para eliciação de estratégia, com perguntas de precisão:

1. Faça a pergunta apropriada a respeito da estratégia que você quer eliciar: como é que você faz X?

2. Anote a resposta global da pessoa, observando palavras processuais, ritmo e tom de voz, gestos, movimentos, posturas, expressões e pistas oculares, descubra os passos da estratégia e faça um primeiro ensaio de notação.

Confira a estratégia, fazendo as perguntas adequadas para cada passo:
- Qual é a primeira coisa que você faz para fazer X?...
- E logo em seguida?... Reviva a situação antes de responder.

• Foi algo que você viu em sua mente? Ou algo que ouviu internamente, ou algo que sentiu?

3. Confira a estrutura da estratégia.

4. Imagine-se reproduzindo cada passo da estratégia apresentada pela pessoa. O planejamento de uma estratégia consiste em elaborar mentalmente os passos dela e instalá-los em si mesmo ou em outra pessoa.

Regras de ouro de Robert Dilts:

1. Escolha a estratégia com o menor número de passos essenciais.

2. É melhor ter uma escolha do que não ter nenhuma.

Crie novas escolhas e recontextualize as antigas.

3. Sempre que possível, opte pela Motivação Positiva – indo em direção a... –, ao invés da negativa – afastando-se ou fugindo de...

4. Ecologia: "Quais podem ser os efeitos colaterais da estratégia construída?" Mantenha os metaobjetivos ou intenções positivas.

Estratégia para reação a críticas

(Steve Andreas e Connirae Andreas)

1. O guia diz: "Veja diante de você aquele seu outro Eu que vai aprender uma maneira nova e enriquecedora de responder a críticas. Vamos passar a chamá-lo de Eu Aprendiz".

2. "Eu Aprendiz, imagine uma situação em que você foi criticado. Ao perceber que está sendo ou vai ser criticado, dissocie-se imediatamente vendo a si próprio e a pessoa que o critica como atores, no contexto do evento da crítica."

Representação dissociada do conteúdo da crítica. À medida que a crítica evolui, o Eu Ator vai dispondo em uma tela ou quadro à sua frente os itens que constituem o material ou conteúdo da crítica, colocando ao lado a correlação de sua própria versão do que ocorreu. Isso pode ser feito seja através da representação visual dos fatos, seja escrevendo uma listagem dos mesmos. Avaliação da crítica e colheita de informações adicionais, se necessário.

"Peça a ele, seu Eu Ator, para comparar e contrastar a sua versão com a do outro crítico, verificando as semelhanças e as diferenças. Peça-lhe que selecione os pontos de concordância; procure esclarecer os pontos de divergência e que escolha o que julgar aproveitável e útil para ele."

O Eu Ator solicita do criticador *feedback* baseado sensorialmente em substituição às interpretações críticas. Ele pode também usar, com muito *rapport*, algum desafio do metamodelo, para tornar o *feedback* mais preciso e específico. Decisão sobre a resposta ao outro criticador – no presente. "Eu Ator, escolha agora a resposta mais adequada que gostaria de oferecer ao outro, tendo em vista a individualidade dele, o contexto e as informações obtidas: simplesmente agradecer, manifestar concordância parcial ou total, manifestar discordância total ou parcial, adiar a conversa para se preparar, ou outra que lhe ocorra."

O Eu Ator executa o que decidiu e se integra ao Eu Aprendiz, enquanto o outro criticador sai de cena. Aqui se encerra a 2ª dissociação.

Decisão sobre mudanças comportamentais no futuro. O Eu Aprendiz decide quais mudanças vai efetuar em função da crítica recebida. "Utilizando alguma técnica de mudança de comportamento, projete no futuro as mudanças que você, Eu Aprendiz, considerou válidas, úteis e enriquecedoras." A automatização da nova resposta se obtém pela repetição. Repita, pois, a sequência dos passos anteriores algumas vezes, com outras críticas que tenham conteúdo, forma ou contexto diferentes da primeira.

Faça, também, escolhas diferentes quanto às alternativas de resposta ou mudança.

Reassociação ou reintegração: "Agradeça ao Eu Aprendiz o trabalho realizado e, de forma gentil e afetuosa, traga-o de volta a você, integrando mais este instrumento de enriquecimento ao seu arsenal de escolhas e de recursos".

O modelo S.C.O.R.E.

Muito da PNL é orientado sobre a definição de um estado atual e um estado desejado e na identificação e aplicação de uma "técnica" que, espera-se, ajudará alguém a atingir o estado desejado. O Modelo S.C.O.R.E. enriquece esta descrição pela adição de mais algumas distinções. As letras significam **Sintoma, Causa, Objetivos, Recursos e Efeitos.** Esses elementos representam quantidade mínima de informações necessárias para qualquer processo de mudança ou cura.

1. **Sintomas:** tipicamente é o aspecto mais consciente do estado atual ou estado presente.

2. **Causas:** são os elementos de base responsáveis pela criação e manutenção dos sintomas. São, frequentemente, menos óbvios que os sintomas.

3. **Objetivo:** é a meta ou estado desejado real que tomaria o lugar dos sintomas.

4. **Recursos**: são os elementos de base responsáveis pela criação e manutenção do objetivo.

5. **Efeitos:** técnicas como reestruturação, mudança de história, ancoragem etc. são estruturas para aplicar determinados recursos.

São os resultados e ou respostas à obtenção de determinado objetivo.

Frequentemente o efeito desejado ao se conseguir um objetivo é confundido com ele próprio.

- ✓ **Efeitos positivos** são a razão ou motivação para se querer um objetivo.
- ✓ **Efeitos negativos** podem criar resistências ou problemas de ecologia.

Técnicas são estruturas sequenciais para identificação, acesso e aplicação de um determinado recurso a um conjunto particular de sintomas, causas e objetivos. Uma técnica não é em si um recurso. Uma técnica apenas é eficiente à medida que permite o acesso e aplicação de um recurso que seja apropriado em relação ao sistema total definido pelos outros elementos do S.C.O.R.E.

Exercício - modelo S.C.O.R.E.

Pense em um problema que você está tentando solucionar. Organize cinco locais em uma sequência representando causa, sintoma, objetivo e efeito desejado relacionados ao problema. Fisicamente, associe-se à experiência e estado interno relacionado a cada local. Preste especial atenção ao padrão de movimentos corporais associados a cada local, intensificando um pouco para ajudá-lo a ampliar sua percepção da fisiologia associada a cada elemento. Iniciando pelo local "sintoma", caminhe lentamente através de toda a sequência. Repita esse processo várias vezes até que exista um senso de movimento contínuo da causa até o efeito.

Vá para a metaposição e permita que seu corpo entre em movimento especial que represente o recurso apropriado para levar à sequência do S.C.O.R.E. Começando no local "sintoma", incorpore o movimento recurso ao outro movimento associado a este local. Caminhe através dos outros locais adicionando o movimento recurso aos outros movimentos até chegar ao espaço efeito.

Repita o movimento através de Sintoma, Causa, Objetivo, Recurso e Efeito até que o tenha transformado em um tipo de dança.

Referências bibliográficas:

O'CONNOR, J.; SEYMOUR, J. **Introdução à Programação Neurolinguística**. São Paulo: Summus Editorial, 1990.

ANDREAS, S.; FAULKNER, C. **PNL - A Nova Tecnologia do Sucesso.** Equipe de Treinamento da NLP Comprehensive. Editora Campus-Elsevier Ltda.

KNIGHT, S. **A Programação Neurolinguística e o Sucesso nos Negócios**: A Diferença que faz Diferença. Ediouro.

BANDLER, R.; GRINDER, J. **Sapos e Príncipes**. Summus Editorial.

DILTS, R. Neuro-Linguistic Programming Vol.I (com John Grinder, Richard Bandler e Judith DeLozier, 1980).

22

Paulo Bach

PNL e aprendizagem

Veremos aqui diversas abordagens do Processo de Ensinoaprendizagem, e como é visto pela PNL. Agradeço ao meu amigo e colega Deroní Sabbi, coordenador desta obra, que revisou e acrescentou conteúdos relevantes ao texto.

O processo de aprendizagem

O tripé teórico da aprendizagem no meio acadêmico baseia-se em três principais estudiosos. O entendimento prevalente nesse meio é que a aprendizagem humana é processual e se dá em estágios ou níveis. Muitos teóricos se ocuparam disso, e citamos alguns.

Piaget postula que aprendemos por associação. Incorporamos um novo conhecimento relacionando-o com algo similar que já sabemos, e o fazemos por categorias.

Wallan considera quatro fases principais, ou campos funcionais de desenvolvimento: Emoções, Movimento, Inteligência e Individuação. **Vygotsky** classifica as fases de aprendizagem em **Conhecimento real, Conhecimento Potencial e Zona Proximal**. A aprendizagem é um processo constante que pode ser definido como mudanças adaptativas no comportamento, decorrentes das experiências da vida. Geralmente isso envolve um processo no qual a pessoa altera o seu comportamento para modificar os resultados que está gerando no seu ambiente e estabelece experiências pessoais de referência e mapas cognitivos. Os comportamentos produzem resultados que variam de acordo com o estado do sistema e de quanto apoio ou interferência vem de outros.

Indivíduo -------> Comportamento -------> Resultado

A aprendizagem, então, envolve a capacidade de estabelecer mapas cognitivos e experiências de referência e perceber o estado do ambiente para que os mapas e experiências adequados sejam ativados, produzindo os resultados desejados no contexto em causa.

A aprendizagem acontece através de um ciclo "orgânico" no qual mapas cognitivos e experiências de referência de comportamento são agregados para formar sistemas maiores de programas coordenados que produzem desempenho competente. Consideramos que o aprendiz constrói mapas cognitivos dentro do seu sistema nervoso, conectando-os com observações do ambiente e respostas comportamentais. Mapas cognitivos são construídos por influência da linguagem e de outras representações que ativam padrões coerentes no sistema nervoso.

A aprendizagem de "como aprender" envolve a aquisição de um conjunto de estratégias e aptidões que apoiam esse processo em vários contextos, visando acelerá-lo e melhorar sua eficácia. A adoção dessas técnicas de aprendizagem facilita a transferência de habilidades do contexto onde foram aprendidas para outras situações da vida pessoal de cada um. Para tanto, duas áreas de atuação são fundamentais:

✓ **Estabelecer metas:** a capacidade de criar metas de aprendizagem em passos viáveis no ambiente atual e que sejam motivantes o suficiente para manter o interesse.

✓ **Metacognição:** a capacidade de se observar, tornando-se consciente dos seus próprios processos de pensamento enquanto aprende ou participa de uma atividade ou tarefa.

O aprendizado da PNL (Programação Neurolinguística) se dá de uma forma prática, pois tem como foco o desenvolvimento de habilidades, então tem diversas dimensões que se relacionam, uma afetando as outras. Essas dimensões incluem aprendizados cognitivos, somáticos, experienciais e relacionais.

John Dewey enfatiza em 1938, em seu livro *Experiential Education,* a **experiência** como o condutor central do processo de aprendizagem. Seus diversos estudos e pesquisas posteriores constatam que a eficácia da aprendizagem é substancialmente distinta, de acordo com os recursos e ferramentas empregadas na aprendizagem ou desenvolvimento de habilidades.

O diagrama da hierarquia de ferramentas de aprendizado apresentado a seguir ilustra a variação da taxa de aprendizado e retenção pesquisadas por I. Kokcharov, diante de três modalidades de desenvolvimento de pessoas: Assistindo, Participando ou Praticando.

Estilos de aprendizagem segundo os Sistemas Representacionais - SR

Este tema foi apresentado no capítulo relativo ao SR, em que se descrevem os alunos visuais, auditivos e cinestésicos, cada um atuando dentro do processamento cerebral que utiliza, e que condiciona sua percepção e preferência de aprendizado.

Estágios de competência no processo de aprendizagem

Na PNL acredita-se que o processo de aprendizagem de cada indivíduo se dê em estágios, ou seja, está dividido em quatro fases que podem ser identificadas facilmente. Esse processo se aplica na maioria das funções básicas necessárias à nossa vida humana: caminhar, respirar, sistemas circulatório, digestivo e respiratório, dormir, falar, pensar etc. E também habilidades com certa elaboração, como escrever, dirigir, nadar, cantar, correr, tocar música, jogar, ou outras.

✓ **Incompetência Inconsciente:** o aprendiz ainda não sabe que não sabe, vive uma "alegria ignorante" por não saber a respeito daquelas habilidades.

✓ **Incompetência Consciente:** neste estágio, o indivíduo toma conhecimento de que não sabe; o que cria nele a curiosidade por aprender, por saber como realizar determinada atividade. O aprendiz começa a conviver cada vez mais com pessoas que têm aquela habilidade, e vai ficando cada vez mais consciente de que não a tem desenvolvida. Começa a se dedicar a aprendê-la.

✓ **Competência Consciente:** o indivíduo sabe que sabe conscientemente. O aprendiz se dedica e toda parte consciente volta-se para a execução da atividade. O aprendiz passa a dominar cada vez mais as habilidades.

✓ **Competência Inconsciente:** o aprendiz nem sabe que sabe, a atividade tornou-se incorporada a seu comportamento, de uma maneira automática. O aprendiz passa a fazer as tarefas no piloto automático, podendo dividir a atenção com outras tarefas. A ação tornou-se natural, algo que ele faz sem perceber, quase inconscientemente. Não há mais a necessidade de ter toda a atenção voltada para o ato de utilizá-lo. Esse estágio é o que provoca maior prazer, as coisas acontecem de maneira tranquila e normal, o aprendiz tem a impressão que já nasceu sabendo. Alcança a mestria.

Ao chegar nesse ponto sua atenção se volta para algo que ainda não sabe e o ciclo se reinicia.

Foco através da atenção seletiva

Podemos, conscientemente, escolher ou selecionar a direção da nossa atenção para determinada informação ou canal. Ao fazê-lo como que "desligamos" a atenção das demais informações ou estímulos. Naturalmente possuímos maior habilidade em nos focar em certas atividades ou canal de comunicação. Porém, também podemos desenvolver e nos especializar em qualquer um deles.

Um exemplo de atenção seletiva é quando seu time está jogando, e você assiste na televisão. É como se o mundo em volta não existisse, não é mesmo? Podemos também ao estar almoçando escolher colocar a atenção na música clássica que compõe a ambientação do restaurante, ou ainda às verdes plantas da decoração.

Atenção seletiva diz respeito a focar nossa atenção em apenas uma parte da informação, abstraindo-nos do restante do conteúdo que esteja disponível no todo. Segundo a PNL, a informação chega a nós através de cinco "canais": visual, auditivo, cinestésico, olfativo, gustativo/tátil.

Desenvolvendo a capacidade de foco

Uma maneira de treinar a habilidade de foco é escolher conscientemente fazer uma só atividade por vez. Na situação do restaurante, ao comer, poderia dedicar-se a prestar atenção detalhada a cada alimento especificamente: sua cor, som ao mastigar, seu aroma, cada tom de sabor no paladar, a textura na boca, e a sensação que sente que percebe com a combinação de todo esse conjunto rico de informações. Apesar de estar consciente do que ocorre à volta, ao se permitir expandir a atenção àquele foco específico a experiência se amplia, e pode até se desligar completamente do mundo em volta, perdendo inclusive a noção de tempo, e ficar imerso, entregue à experiência.

A esse tipo de experiência, quando a experimentamos de maneira profunda, é que chamamos de "fluxo". Esse estado de plena concentração e foco, onde a noção de tempo desaparece, e ficamos totalmente imersos naquela experiência, é que denominamos de *flow*. Ao escrever, por exemplo, é comum mergulhar-se de forma apaixonada no conteúdo e no maravilhoso efeito que aquela informação de qualidade pode vir a ter na vida de pessoas, e facilmente perde-se a noção de tempo e espaço, fluindo na riqueza do significado.

Exercícios de foco

1 - Conversa focada

Escolha alguém para conversar, ou quando estiver conversando com alguém, decida manter sua atenção exclusivamente naquela pessoa. Olhar, ouvidos, atenção todos conscientemente dirigidos para essa pessoa. Escute cuidadosamente o tom de voz, a velocidade, as pausas, a entonação. Veja atentamente o maior número de detalhes que conseguir observar em sua expressão facial, gestos, detalhes etc. Mantenha-se assim focado na pessoa, atento e dedicado aos detalhes até o final da conversa com a pessoa. Esse exercício treinará, além de sua habilidade de focar, a sua escuta. Talvez você se surpreenda com os efeitos...

2 - Leitura em público

A leitura é uma tremenda maneira de treinarmos foco ou atenção seletiva. Como ela guia nosso pensamento, podemos escolher deixar nosso pensamento se levar e fluir pela leitura. Ao decidirmos fazer isso e manter nosso foco exclusivamente no que lemos, também ampliamos a riqueza da experiência com a mesma, o que terá como benefício a maior memorização do conteúdo. Pratique em casa quando alguém assiste televisão ou vê um filme; no metrô, ônibus, num gramado, sentado ou andando na praia, na fila do cinema, no restaurante, numa sala de espera. Talvez você também se surpreenda com os efeitos...

3 - Cuidando das redes sociais

Contemporaneizando nossos hábitos, naqueles 20 minutos que tiramos para nos relacionarmos através das redes sociais, podemos escolher fazê-lo de forma dedicada. Se você quiser aproveitar esse tempo para também treinar seu foco, faça-o cuidando de uma rede por vez. Mantendo-se em blocos: ler a mensagem, responder; visualizar e curtir, mesmo que o celular tenha mensagens chegando, permaneça em uma conversa por vez, assim como uma rede por vez. Ao não se distrair, e focar em uma conversa por vez, estará treinando atenção seletiva.

4 - Cumprindo agenda por prioridades

Estabelecer prioridades para nossa rotina diária permite escolher colocar a atenção e dedicar-se para grupos de tarefas ou blocos, segundo os critérios de prioridades. Num grupo de tarefas escolha executar uma única tarefa por vez, concentrando-se apenas nela. Conclua e vá para a próxima. Ao concentrar-se em uma atividade por vez, e blindando seu cérebro da enxurrada de outras informações, estará aumentando a assertividade, dedicando-se à "acabativa" ao concluir o que começa, e ao habituar-se a uma rotina saudável, melhorando sua qualidade de vida. Talvez você se surpreenda com sua produtividade e até comece a sobrar tempo no seu dia...

Estratégias eficientes de aprendizagem

1. Pense numa ocasião em que você foi capaz de aprender alguma coisa com facilidade e rapidamente.

2. Qual o primeiro passo? Colha informações completas.

3. Note o que está funcionando. O que você sabe para fazer diferente da próxima vez?

4. Compare você com você mesmo, não você com um especialista.

5. Como você sabe, agora, quando aprendeu alguma coisa bem?

6. Vença a confusão. E compreenda. Fique fascinado em vez de derrotado.

7. Onde, quando e com quem essas novas estratégias e aprendizagens serão usadas?

Perguntas para evocar a estratégia de aprendizagem

Contexto: "Imagine uma situação futura em que você quer aprender alguma coisa. O que você fará? Pense em uma vez em que você foi capaz de aprender facilmente e completamente".

Teste (motivação): "Como você sabe que é hora de começar a aprender?" "Como você escolhe alguma coisa que você sabe que vale a pena?"

Operação: "O que você faz para aprender isso?" "Que passos você precisa dar para aprender?"

Teste: "O que demonstra que você foi capaz de aprender?" "Como você sabe que aprendeu alguma coisa?" "Como você sabe que não teve sucesso?"

Saída: (convencedor) "O que faz você saber que está pronto para se mover para algo mais?" "Como é a sensação de saber que você aprendeu alguma coisa muito bem?"

Aprendizagem colaborativa

Estratégias eficazes podem ser transferidas de pessoa para pessoa. Por exemplo, dois professores, dois músicos ou dois escritores que tenham estratégias distintas para realizar o mesmo tipo de tarefa, no mesmo contexto, podem aprender uns com os outros.

Explicitar e compartilhar metas, evidências e operações pode ajudar a ampliar e enriquecer as áreas da sua atuação, aptidões e habilidades.

Junte-se a um parceiro e escolha uma tarefa ou situação que tenham em comum. Cada um preenche uma tabela e os dois farão uma comparação das semelhanças e das diferenças das ações de cada um. Imagine como seria acrescentar novas operações, evidências, metas ou respostas às dificuldades da sua estratégia. Como poderia mudar ou enriquecer sua maneira de abordar a situação?

Referências bibliográficas:

MOREIRA, M. A. **Teorias da Aprendizagem**. São Paulo: Editora EPU.

O'CONNOR, J.; SEYMOUR, J. **Introdução à Programação Neurolinguística**. São Paulo: Summus Editorial, 1990.

ANDREAS, S.; FAULKNER, C. **A Nova Tecnologia do Sucesso**. Editora Campus.

KNIGHT, S. **A Programação Neurolinguística e o sucesso nos negócios**. Ediouro.

23

Lisete Gorbing e
Tâmis Görbing Bastarrica

Utilizando a PNL com crianças – deixando de ser o lobo mau

Você deve estar se perguntando: Programação Neurolinguística com crianças? Isso é possível? Vamos compartilhar neste artigo um pouco da nossa experiência profissional como fonoaudióloga e como educadora. Muitas pessoas procuram a Programação Neurolinguística (PNL) para desenvolver-se na parte profissional, mas a maior parte se surpreende depois, percebendo que a PNL ajuda em todos os aspectos da vida. Ela é um excelente recurso para pais, professores, cuidadores, especialistas na área da saúde que lidam com criança. Temos acompanhado diversos casais que antes mesmo de o filho nascer procuraram a PNL para utilizarem uma linguagem mais eficaz com seus filhos, por saberem que o como falamos com a criança produz efeitos na sua personalidade.

As oportunidades de aplicar o imenso conhecimento que a PNL oferece são muitas. A seguir trataremos de alguns elementos que fazem muita diferença na preparação para a vida e para lidar positivamente com os filhos, alunos ou clientes tendo um resultado significativo: aprender a fazer as perguntas de forma correta para entender crianças e jovens; trazer mais clareza à sua percepção de mundo; compreender como concebem o mundo; estabelecer um vínculo significativo com ela; aprimorar a comunicação nos relacionamentos com as diversas idades através da linguagem não verbal; fazê-los refletir sobre suas ações e descobrir suas próprias caminhadas; estabelecer limites de maneira saudável e inteligente; utilizar a linguagem mais adequada, a seu favor. Sugerimos ler com atenção cada capítulo deste livro, pois cada um tem algum aspecto relacionado à educação, pois o seu efeito é muito melhor se considerado parte de um todo. Esses conhecimentos são baseados em muitas décadas de pesquisas a partir de grandes psicólogos como Maslow, Rogers, Virgínia Satir, Fritz Pearls, Milton Erickson e outros.

Por isso, um número crescente de adultos reconhece o seu valor e vem fazendo as formações nesta metodologia para a utilização com crianças. Lembrando um dos pressupostos da PNL que auxiliam a entender as crianças: toda ação tem uma intenção positiva. O comportamento apresentado no momento foi o que ela achou de melhor, dentro da sua percepção e experiência. Ou seja, teve sua intenção positiva no sentido de tentar lidar com a situação-alvo, mesmo que não concordemos, por termos outra visão do ocorrido. Logo, não cabe aos adultos julgar os comportamentos das crianças, mas sim criar outras estratégias mais eficazes para redirecionar os jovens na busca pelo que querem. Então, os pais ou professores, ao invés de apenas repreenderem, podem se colocar em *rapport* e com empatia perguntarem o que pretendiam alcançar com aquela ação, para redirecionar seu comportamento em busca de um resultado eficiente.

Uma das ferramentas que utilizamos com crianças são as perguntas poderosas do metamodelo, primeiro com o objetivo de entendê-los e depois de fazê-los pensar. Frequentemente existem generalizações, omissões ou distorções no uso das palavras, e o metamodelo, junto com boas práticas de *rapport*, com o qual nos alinhamos à criança, nos conectando com o seu modelo de mundo permitindo ter acesso ao que está na origem, muitas vezes escondida, do que ela fala. Em sua estrutura profunda estão emoções, intenções, ressentimentos, significados, valores e crenças que só podemos perceber que estão presentes se fizermos as perguntas adequadas e relevantes, usando os suavizadores que podem abrir as portas para uma comunicação mais efetiva. Para induzir estados positivos é possível utilizar os padrões de linguagem hipnótica e o uso frequente das histórias e metáforas. Se essas forem plantadas na estrutura subjetiva da criança, são instrumentos que marcam a formação positiva das atitudes, da ética, das crenças e do caráter.

A inteligência emocional e a compreensão do sistema de crenças e valores que vão passo a passo sendo formados na estrutura subjetiva da criança sofrem a influência de pais, professores, familiares, cuidadores e da mídia. Chamamos atenção para o uso excessivo da exposição à mídia, às redes sociais e à *internet*, pois conforme pesquisas recentes podem trazer sérios prejuízos à memória, à concentração e à estrutura neurológica das crianças. Conforme recomendação da Academia Americana de Pediatras (AAP), para garantir o bem-estar físico e psicológico de crianças, até dois anos não deve ser propiciado o acesso à *internet*; dos dois aos cinco anos, o uso de dispositivos eletrônicos deve se limitar a uma hora por dia de programas de alta qualidade, mesmo tempo sugerido para atividade física diária, e de oito a 12 horas de sono.

Por essas e outras razões deve-se cuidar do que se diz e como se diz, pois segundo uma pesquisa de algumas décadas a palavra representa apenas 7% da comunicação; 38% é como se diz e 55% é a parte não verbal do corpo durante o discurso. Então, não só o que se fala, mas principalmente COMO se fala, o tom de voz, as pausas, a velocidade, o volume da voz, assim como as expressões e gestos vão marcar profundamente a formação de sua percepção das pessoas e da vida, a relação da criança com os pais e o mundo. Então, o que a criança absorve do que lhe é dito estrutura seus metaprogramas, sua percepção, suas relações e deixa marcas profundas em sua estrutura interna. Essas marcas e âncoras são lembradas e sentidas pela vida toda. Esse é um momento de experimentação e exploração de comportamentos e de sentimentos. Isso acaba sendo generalizado pelo cérebro para outras situações. A partir dessas vivências se constroem crenças e mecanismos de autossabotagens que persistem durante a vida:

"Eu não consigo..."

"Eu não vou conseguir dar conta...",

"Eu sou um desastrado mesmo...",

"As pessoas não me compreendem"...,

"Minha mãe não me ama",

"Eu não sou bom nisto ou naquilo...",

"É difícil, nem ia conseguir...",

"Está tudo indo bem, alguma coisa vai dar errado".

Muitos pais e educadores focam em críticas, oposições e rotulações que começam com "Você é...", atuando sobre a identidade da criança, afetando sua autoimagem. Poderiam dizer "Você está"..., referindo-se à ação ou atitude, evitando dirigir-se à identidade da criança, que é sagrada, pois isto lhe prejudicaria muito. Dar ordens como o "Não faça isso..." especialmente com tom de voz ríspido é uma estratégia ineficiente. Ao invés disso, deve se conectar com a criança, ouvi-la com calma e uma vez estabelecido um bom *rapport* dizer "Você pode fazer assim, ou assado", "O que você acha que funcionará melhor?...", ou dependendo do contexto, simplesmente "Faça...", definindo outra opção sensorial, com imagens, sons e sensações. Recomendamos a leitura do capítulo deste livro que aprofunda o poder da palavra.

A comunicação assertiva de pais, professores, cuidadores e familiares é importantíssima no estabelecimento de limites ecológicos e no desenvolvimento saudável das crianças. Para que isso ocorra costumamos utilizar em nossa prática diária conversar olho no olho, de frente um para o outro e no mesmo nível que a criança. Expressões como "Você pode...", "Você é capaz...", "Você merece" contribuem para que tenham um reforço positivo que é 'positivamente estruturante'. Reconhecimento de comportamentos positivos que ela teve, através de elogios sinceros, reforça a imagem positiva que ficará em sua mente. Por exemplo:

"Você brincou e guardou tudo bem bonito...",

"Que lanche saudável esse que você escolheu..."

Compartilharei agora uma experiência de minha atuação como fonoaudióloga. Quando atendemos e nos relacionamos com crianças autistas, como construímos essa interação? Será válido usar ferramentas da PNL com essas crianças?

Como fonoaudióloga atendo muitos autistas, de severidades muito variadas, e uma pergunta que me vem à mente é: "Como construímos essa interação? Como podemos usar eficazmente as ferramentas da PNL com essas crianças?" Em muitos casos é importante a atuação de outros profissionais de saúde.

O Transtorno do Espectro Autista, o famoso TEA, como é chamado atualmente, é caracterizado pela presença de *deficits* na comunicação e na interação social, muitas vezes acompanhado de irritabilidade e hiperatividade. Preocupa-nos a grande quantidade de crianças que estão sendo enquadradas como TEA, receamos pelo seu prognóstico. Será que vai falar? Vai se comunicar? Então, além do fonoaudiólogo procura-se o terapeuta ocupacional, psicomotricista, psicólogo, educador especial, para dar conta dessas questões. Como sabemos, alguns autistas são verbais e apresentam dificuldade em se conectar com o outro e com o mundo. É preciso proporcionar-lhes uma interação eficiente.

Por que no autismo a habilidade da interação fica prejudicada? Pela alteração no chamado neurônio-espelho, responsável pela imitação, aprendizado e empatia. Esse tipo de neurônio é ativado quando se observa outro praticando uma ação, logicamente envolvido no planejamento e compreensão das ações.

Então, como tocar essas crianças? Primeiro passo é estimular os neurônios para se tornarem responsivos através da plasticidade neuronal. Tal efeito refere-se à modificação da morfologia e/ou da funcionalidade de estruturas cerebrais para conseguir responder as demandas do ambiente. É o objetivo das reabilitações em um geral (de um ponto de vista neurológico), pois trabalha-se para se firmar conexões sinápticas que não existiam dessa forma, através do exercício de determinadas habilidades, através do *rapport* ou espelhamento, habilidade desenvolvida na Formação em Practitioner em PNL. O tempo de aplicação da técnica até surgirem respostas e as respostas em si vão depender do grau do transtorno. Você já brincou de espelho? Pois é, essa é a melhor forma de acessar a comunicação não verbal de qualquer criança, e em especial de crianças que ainda não se comunicam ainda eficazmente pela fala. Como fazemos isso? Buscando espelhar os gestos, a respiração, os movimentos, as expressões, as brincadeiras, os sons... Quando fazemos isso, o inconsciente do outro lê como:

"se movimenta como eu, fala como eu, gosta das mesmas coisas que eu, me entende, é igual a mim, posso confiar nele". Essa conversa não verbal, chamada na PNL de *rapport*, ou na linguagem popular de empatia, e na verdade útil no relacionamento com todas as crianças.

E como a PNL pode auxiliar quem lida com crianças que não respondem ao padrão esperado pelo sistema de ensino apresentando **dificuldade com a aprendizagem** ou se sobressaindo em algumas áreas e em outras apresentando resultados abaixo da média, evidenciando sua diversidade?

Cada indivíduo é único. Constrói-se a partir do seu desenvolvimento físico e das experiências de vida e estímulos oferecidos antes de chegar à escola e durante a sua caminhada na instituição responsável em dar continuidade à educação iniciada na família. O que é mesmo educar?

A palavra "*educare*" vem do latim: evocar de dentro do aprendiz o processo de aprender. Para poder promover o desenvolvimento da criança/jovem se faz necessário o responsável pelo processo identificar como o aprendiz capta o mundo. Apreendemos o mundo utilizando todos os sentidos, mas alguns têm como sistema de processamento cerebral preferencial o visual (ver), auditivo (ouvir), cinestésico (sentir), olfativo (cheirar) ou gustativo (saborear). O profissional necessita saber identificar no aprendiz qual a sua forma de aprender para auxiliar a propiciar atividades/tarefas utilizando o sistema de aprendizagem dele, assim potencializando o seu crescimento. Sugerimos a leitura do capítulo cinco.

Em nossa experiência com crianças nas suas diversas idades e individualidades, constatamos que a PNL é uma ferramenta fundamental para pais, cuidadores, profissionais da área da educação e profissionais da saúde para apoiar o aprimoramento da comunicação, do relacionamento e de resultados nas suas atribuições com crianças, possibilitando inclusive lidar com as dificuldades de aprendizagem. A PNL já é oferecida em alguns cursos de formação e exigida para contratação. Esperamos ter deixado uma pequena contribuição com o compartilhamento de nossas vivências com crianças e lançado uma pequena semente para que você, leitor, busque melhorar a sua comunicação e relação com o maior bem da humanidade: as crianças. A PNL tem sido uma luz nesse caminho.

Uma vez que haja uma congruência por parte do educador, onde as ações estão alinhadas e confirmam as palavras, pensamentos e emoções, isto estabelecerá a maior base para uma educação saudável, pois o maior instrumento educativo que existe é o exemplo. O mesmo vale para os educadores e profissionais que trabalham com crianças, pois diversas abordagens de Psicologia demonstram que o que ocorre na vida das crianças repercute na personalidade delas e na relação que terão com o mundo.

Referências bibliográficas:
ANTUNES, C. **Alfabetização Emocional.** São Paulo: Terra Editora, 1996.
BEEVER, S. **Criança feliz você feliz: o uso da PNL na educação de seus filhos.** São Paulo: Madras, 2010.
GOLEMAN, D. **Inteligência Emocional.** Rio de Janeiro: Objetiva, 1995.
GOTTMAN, J. **Inteligência Emocional e a Arte de Educar Nosso Filhos.** Rio de Janeiro: Objetiva, 1997.
ELMSTETTER, S. **Programação Neurolinguística.** Rio de Janeiro: Record, 1996.
LAGES, A.; O'CONNOR, J. **Coaching com PNL: o guia prático para alcançar o melhor em você.** Rio de Janeiro: Editora Qualitymark, 2004.
MANCILHA, J.; RICHARDS, J.; PAIVA, L. A. **Coaching: passo a passo.** Rio de Janeiro: Qualitymark Editora, 2011.
PERCIA, A. e outros. **Manual Completo de PNL.** São Paulo: Editora Ser Mais, 2012.
PIRES, L. **Do silêncio ao eco: autismo e clínica psicanalítica.** São Paulo: Editora da Universidade de São Paulo (Fapesp), 2007.
RIBEIRO, T. C. B. **Um olhar sobre o autismo.**
ROMA, A. **PNL para Professores.** São Paulo: Editora Leader, 2014.
SABBI, D. **Sinto, logo existo.** Porto Alegre: Instituto Sabbi, 2014.
http://golfinho.com.br/artigo/autoconceito-positivo-comecando-a-preparar-seu-filho-para-osucesso.htm
http://golfinho.com.br/artigo/um-enredo-que-cura-criancas.htm
http://golfinho.com.br/artigo/as-pressuposicoes-da-pnl-no-processo-de-aprendizagem.htm
https://www.soescola.com/2017/08/como-colocar-limites-em-uma-crianca-autista.html
https://www.soescola.com/2017/08/como-trabalhar-com-autismo-infantil.html

24

Lisete Gorbing

Libertando sua Mente com PNL

PNL e Coaching

Por que escrever sobre PNL e Coaching? Como posso contribuir? Essas foram as duas perguntas que me fiz quando recebi esse desafio.

Percebi, através de muitos anos como *trainer* em PNL e Coaching, que as pessoas que têm uma formação prévia em PNL assimilam melhor e mais facilmente os conceitos e práticas do Coaching, pois com o conhecimento e prática da PNL se habilitam mais efetivamente a se tornarem *coaches* mais qualificados. Vejo como um caminho natural a formação de Coaching começar por uma formação em PNL e depois fazer formação em Coaching propriamente.

Lembrei-me de Cora Coralina: "Feliz aquele que transfere o que sabe e aprende o que ensina". Já fiz diversas formações nas duas áreas e tenho uma boa caminhada apoiando pessoas em sessões individuais, em grupo e em formações utilizando essas metodologias, portanto posso contribuir compartilhando meus conhecimentos, aprendizagens, vitórias e resultados indesejados, e aprender um tanto sobre isso. Um belo desafio para mim, que durante 25 anos estudei a PNL e utilizei mais de dez estudando o Coaching. Venho aprendendo que somos únicos e que aprendemos e nos inspiramos, também, com o outro; como disse Sigmund Freud: "As pessoas têm valores diferentes, necessidades, interesses, preferências, organização familiar, experiências, formação, história de vida diferente que condiciona suas motivações".

O que me motivou a buscar a PNL e o Coaching? Iniciei minha vida profissional na área da educação aos 15 anos com muita vontade de contribuir para o crescimento de pessoas. Após seis anos de caminhada recebi o desafio de coordenar uma equipe de 16 profissionais de uma instituição e em outra de orientar o aprendizado de crianças "especiais". O grande desafio de ambas as situações envolvia liderança, relacionamento e comunicação para atingir metas. Buscando ferramentas para aperfeiçoar a comunicação, o relacionamento e atingir metas fiz cursos na área de gestão de pessoas e iniciei os estudos com a PNL.

Joseph O'Connor definiu a PNL como a ciência que estuda como estruturamos nossas experiências subjetivas – como pensamos sobre nossos valores e crenças e como criamos nossos estados emocionais – e como construímos nosso mundo interno a partir de nossa experiência e lhe damos significado.

Considerada a "ciência e a arte da excelência humana". Ciência porque utiliza um método e um processo para determinar os padrões que as pessoas usam para chegar nos resultados. E arte porque cada um imprime o seu estilo àquilo que faz. Tem sido utilizada em diversas áreas como nas vendas, na liderança, na comunicação, na educação, na saúde, na gestão de pessoas, nos treinamentos e no Coaching.

Coaching: parceria que concretiza sonhos

Gosto de definir o Coaching como um processo de parceria que concretiza resultados pessoais e profissionais conduzido por um *coach* qualificado, que tem como essência o trabalho com as metas do *coachee* (cliente) e o desenvolvimento de competências e ações para alcançá-las.

O princípio do Coaching está no autoconhecimento, na aprendizagem pessoal, no comprometimento, na identificação dos pontos fortes e pontos a serem aprimorados e desenvolvidos, com o intuito de alcançar uma meta, uma mudança positiva. Se nos reportarmos à Grécia antiga veremos que sua essência vem da "maiêutica" utilizada por Sócrates, que utilizava diversas formas de questionamento que iam revelando mais e mais as raízes mais profundas do pensamento, da intencionalidade do comportamento das pessoas.

O processo de Coaching desenvolve-se a partir do universo do *coachee*, que é cliente. O *coach* é o profissional que estimula e apoia o *coachee* durante um período estabelecido a sair do estado atual, o cenário presente, e chegar ao estado desejado, que é o futuro. É definido como "um processo que tem início, meio e fim que possibilita apreciar as experiências que a vida oferece com o aumento do nível da consciência", por Timothy Gallwey, professor de tênis e um dos precursores do Coaching, que desenvolveu este conceito no esporte e foi ampliando gradativamente sua área de atuação.

As principais áreas do Coaching são:

- Life Coaching (Coaching de vida),
- Wellness Coaching,
- Coaching de Carreira,
- Leader Coaching,
- Executive Coaching,
- Time Coaching;
- Business Coaching.

Outras áreas vão surgindo à medida que o Coaching é aplicado a outros campos do comportamento humano.

Um dos primeiros capítulos deste livro nos fala nos principais pressupostos da PNL. E quais são os principais pressupostos do Coaching?

1. O cliente tem as respostas, o *coach* tem as **perguntas.**

2. O mapa não é o território. O *coach* tem o dever de **respeitar** o mapa-mundo do cliente.

3. No Coaching não há erros, só há *feedback* e aprendizagem.

4. Todas as pessoas têm dentro de si todos os **recursos** que precisam ou podem adquiri-los.

5. Todas as pessoas escolhem sempre **a melhor opção disponível** do momento mediante os contextos e os recursos que têm disponíveis.

6. Cada pessoa cria a sua própria realidade.

Como *coach* tens que saber que o cliente tem o poder de mudar.

7. Se queres compreender, **aja!**

8. Se ainda não obtiveste os resultados que queres, faça diferente. Seja flexível.

9. Todo comportamento tem uma intenção positiva.

10. **Não imponha** nada ao cliente.

O Coaching é um processo que tem como objetivo conduzir as pessoas ao máximo de suas habilidades, competências e resultados, utilizando para isso metodologias, técnicas e ferramentas cientificamente comprovadas.

Já a PNL é um conjunto de modelos, estratégias e crenças que são utilizadas para o desenvolvimento neural, o que leva o indivíduo a alterar a percepção que ele tem do mundo por meio de uma variedade de técnicas extraídas daqueles que já obtiveram o sucesso.

As **similaridades** nas duas metodologias para auxiliar as pessoas a atingirem seus objetivos são:

- ambas acreditam que as respostas estão dentro do próprio indivíduo e ele possui todos os recursos para concretizar as ações;

- são focadas em atingir objetivos do cliente;

- ambas trabalham com perguntas;

- nos dois casos há a necessidade de uma confiança no guia, o *coach*;

- há a necessidade do não julgamento do cliente pelo guia, o *coach*.

E tem alguma **diferença** entre o Coaching e a PNL? Existe sim, o Coaching não é psicoterapia. Já a PNL pode ser aplicada na psicoterapia, pois possui metodologia para mudar questões de fobia, compulsões, medos, insegurança, traumas etc. PNL é uma formação buscada por muitos psicoterapeutas.

É importante salientar que o Coaching não serve para pessoas que não completam seus planos e não se responsabilizam pelos seus comportamentos e atitudes. Se estes elementos estão em falta, podem ser estruturados através do uso da PNL, que faz o papel de uma terapia necessária em muitos casos. É muito importante que o *coach* saiba identificar os comportamentos e atitudes do cliente que mostram que ele precisa de uma terapia. Em muitos casos, os clientes têm procurado meu trabalho de Coaching, e verifiquei que para um Coaching bem-sucedido tornou-se necessário um encaminhamento anterior a um terapeuta que utiliza PNL, hipnose ou outras abordagens de maneira eficiente.

Segundo Timothy Gallwey, o "nosso maior adversário não está do outro lado da rede, mas sim dentro de nós". Tanto o processo de Coaching quanto a metodologia da PNL promovem um dos principais ingredientes em todo o desenvolvimento pessoal, a aprendizagem do sujeito de assumir a responsabilidade pessoal de cada um de seus pensamentos e ações.

O Coaching e a PNL quando usados simultaneamente têm a capacidade de potencialização do indivíduo, proporcionando-lhe mais rapidez e efetividade na conquista dos resultados que almeja, pois acessam o que está dentro de si.

A PNL apresenta alguns pontos que podem auxiliar o *coach* no processo de Coaching tais como: o *rapport* no aperfeiçoamento do processo de comunicação verbal e não verbal, o metamodelo em que, através das perguntas, conhece a estrutura profunda do cliente e pode promover o examinar de ideias e estratégias, a modelagem de pessoas que possuem habilidades ou estratégias de sucesso a serem aprimoradas pelo *coachee*. O uso das técnicas de PNL promove um "domínio da vida" por parte do cliente, desenvolve a flexibilidade comportamental para lidar com qualquer situação e oportuniza explorar diálogos internos limitantes e crenças negativas e optar por substituí-las por outros com mais recursos.

O Coaching apresenta mais resultados efetuado com PNL, como tenho verificado com a minha caminhada. Enquanto o Coaching atua no campo do ter e fazer a PNL foca no SER. O objetivo é um pretexto para se melhorar como SER humano, para alcançar sua melhor versão. A PNL é o alicerce do objetivo, pois ensina através de sua metodologia a construir competências em bases sólidas. O Coaching são as paredes, para isso é necessário autoconhecimento de suas habilidades para chegar aos resultados almejados.

Como a **PNL** tem promovido mudanças comportamentais e desenvolvido habilidades com sucesso, a maioria dos profissionais que praticam o Coaching, muitos institutos que formam *coaches* lançaram mão da **PNL** como seu principal instrumento de mudança.

Uma experiência de Coaching com PNL

Convido-os a fazer um processo de Coaching com PNL.

Encontre um lugar onde se sinta confortável e respire profundamente.

Lembre-se do último dia que você viveu, o que você fez, com quem esteve, onde esteve, como se sentiu com os acontecimentos... Olhe para sua vida em cada uma das suas áreas: saúde, lazer, família, social, trabalho, financeira, desenvolvimento intelectual e espiritualidade.

Qual a área para a qual você quer neste momento ter um olhar especial? Ser uma prioridade? Que vai promover algum impacto positivo pra você?

Como ela está? O que está acontecendo?

Pergunte-se: "Tem algo que quero diferente nesta área? Como quero que ela fique?"

Construa a sua frente uma tela de cinema. Nela veja o cenário de como você quer que fique essa situação em detalhes: o que você está vendo, ouvindo e sentindo. Quanto mais detalhes melhor.

O que e como você vai fazer para chegar lá?

Que habilidades e qualidades você tem para chegar no estado desejado?

Que habilidades ainda necessita desenvolver para chegar no cenário da tela de cinema?

Pode esperar alguns obstáculos para chegar na cena da tela de cinema? Como pode lidar com essas barreiras?

Agora lembre-se de um momento em sua caminhada que conquistou algo que queria, um momento de confiança, de vitória. Respire profundamente e entre na postura daquele momento. Entre na fisiologia do momento. Sinta, veja e ouça o que está acontecendo nesse momento de sucesso. Reviva esse momento novamente e no ápice dele faça um movimento que o represente.

A seguir, imagine-se sentado em uma cadeira de um cinema. Veja-se na tela do cinema conquistando seu objetivo, no momento da conquista. O que está acontecendo, o que você está ouvindo, o que está falando e dizendo pra si mesmo, quem está com você, onde você está, como você está sentindo?

Saia da cadeira do cinema e entre na cena da tela. Veja, ouça e sinta o que você está vendo, ouvindo, falando e sentindo nesse momento de conquista.

Respire profundamente e faça um gesto que marque a lembrança desse momento para você. Sucesso no seu novo cenário.

Se você preferir, pode ler as orientações e responder verbalmente. Pode também escrever e desenhar a imagem da tela de cinema.

Uma característica importante das perguntas feitas por um *coach*: o foco de nosso questionamento sempre está em identificar soluções, em como resolver. Esse é o primeiro paradigma que vamos trabalhar com nosso cliente.

Perguntas focadas em soluções

O processo de Coaching exige comprometimento do *coachee*, pois é ele quem vai executar as ações criadas, as suas próprias alternativas durante o processo de reflexão, as perguntas poderosas realizadas pelo seu *coach*, tais como:

- O que aconteceu?

- O que é mais importante?

- O que você pode aprender com isso?

- Se o problema trouxer algo de bom, o que será?

- O que você realmente quer nessa situação?

- O que ainda é impossível fazer, mas que, se fosse feito, mudaria a situação para melhor?

- O que está realmente disposto a fazer para obter o que quer?

- O que estás disposto a deixar de fazer para obter o que quer?

- Como podes desfrutar esse processo enquanto faz o que é necessário para obter o que deseja?
- Como isso tudo pode ajudar positivamente as pessoas envolvidas?
- Se tudo desse certo, você chegaria aonde?
- Como você pode conseguir isso?
- O que precisa ser feito?
- Que recursos você pode acessar?
- O que precisa acontecer?
- Que ou quem pode ajudar?
- Qual o próximo passo?

Para finalizar, deixo uma dica: comece qualquer estudo de Coaching fazendo um bom treinamento prático de PNL e aplique-se nele, fazendo todos os exercícios, pois PNL se aprende fazendo. Assim poderá ter esses recursos à sua disposição quando precisar utilizá-los e incorporar em sua própria experiência ou utilizá-los para outros.

Referências bibliográficas:

BANDLER, R.; Grinder, J. **A estrutura da magia**. Rio de Janeiro: Editora Guanabara, 1977.

DILTS, R. **Crenças**. São Paulo: Ed. Summus.

GOLEMAN, D. **Inteligência Emocional**. Rio de Janeiro: Objetiva, 1995.

HELMSTETTER, S. **Programação Neurolinguística**. Rio de Janeiro: Record, 1996.

LAGES, A.; O'CONNOR, J. **Coaching com PNL: o guia prático para alcançar o melhor em você e em outro**. Rio de Janeiro: Qualitymark Editora, 2004.

PAIVA, L. A.; MANCILHA, J.; RICHARDS, J. **Coaching: passo a passo**. Rio de Janeiro: Qualitymark Editora, 2011.

PÉRCIA, A.; SITA, M. **Manual Completo de PNL**. São Paulo: Editora Ser Mais, 2012.

ROBBINS, A. **Despertando o seu gigante interior**. São Paulo: Editora Best Seller.

ROBBINS, A. **Poder sem Limites**. São Paulo: Editora Record.

ROMA, A. **PNL para Professores**. São Paulo: Editora Leader, 2014.

SABBI, D. J. **Sinto, logo existo**. Porto Alegre: Instituto Sabbi, 2014.

STEFANO, R. Di. **O Líder Coach**. Líderes criando líderes. Rio de Janeiro: Qualitymark Editora.

WOLK, L. **Coaching: a arte de soprar brasas**. Rio de Janeiro: Qualitymark Editora, 2008.

WHITMORE, J. **Coaching para performance**. Rio de Janeiro: Qualitymark Editora.

25

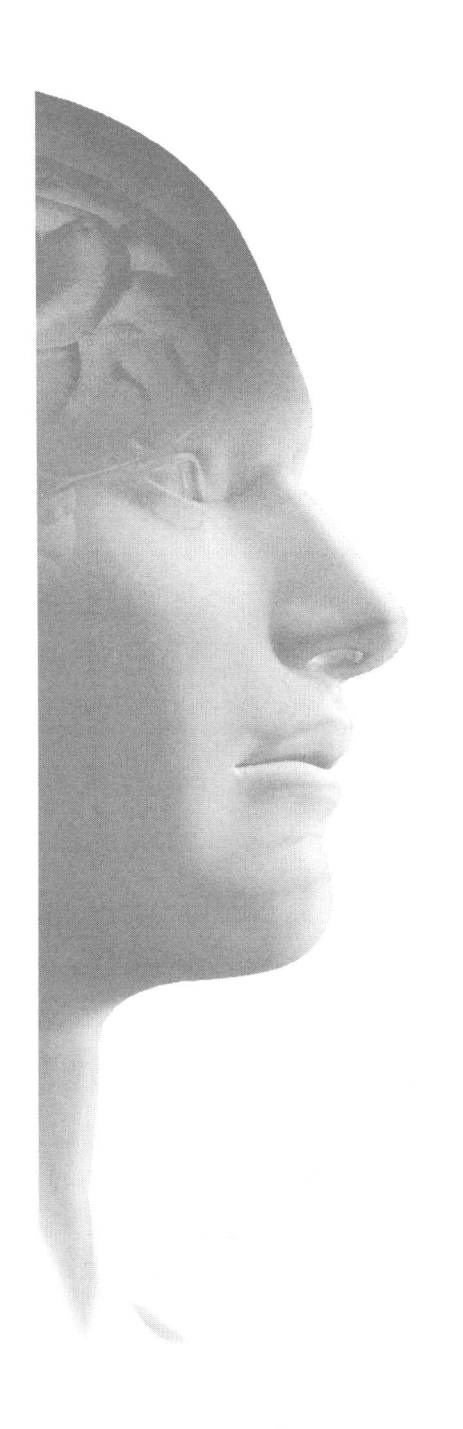

Deroní Sabbi

Libertando sua Mente com PNL

Juntando as peças do quebra-cabeça e indo além...

Uma historia plena de sabedoria

Conta-se que havia um rei muito sábio e próspero que costumava solucionar as questões em seis passos sucessivos, desde quando identificava algum problema difícil a ser resolvido até quando encontrava a solução benéfica a todos. Seu reino era constituído por muitas pequenas aldeias. Cada uma era parte importante de seu reino. Um dia soube que em uma das suas aldeias o povo estava insatisfeito e fazia coisas que perturbavam a paz do seu reino. Então recebeu os representantes daquela aldeia que estava com problemas e perguntou-lhes o que verdadeiramente queriam, pois acreditava que no fundo tinham boas intenções, mas não sabia quais eram. Ouviu-os atentamente, e não sabendo como lhes atender de maneira completa, chamou o conselho de sábios, que reuniam toda a sabedoria do seu reino. Os sábios, reunidos, receberam os aldeões descontentes e lhes perguntaram quais suas intenções mais positivas e o que queriam realmente, pois acreditavam que cada comportamento dos seus aldeões tinha sempre uma boa intenção. E os escutaram atentamente, acolhendo-os de maneira profunda, pois sabiam do seu valor. Reuniram sua melhor sabedoria e inspirando-se nela criaram novas e melhores alternativas para que suas melhores intenções fossem alcançadas. Perceberam que assim poderiam sentir-se satisfeitos e alcançar a harmonia que beneficiaria a sua aldeia e todo o reino ao mesmo tempo. Uma vez identificadas essas melhores alternativas pediu-lhes que imaginassem novas formas de pensar e agir que os levariam ao bem-estar que tanto queriam, sem os problemas que seu comportamento estava apresentando. E assim os aldeões visualizaram novos e melhores tempos em que tudo o que faziam era benéfico a todos. Assim todo o reino viveu novos tempos de saúde, abundância e prosperidade.

Quando um ciclo termina e outro se inicia...

Um ciclo termina e outro se inicia quando você termina a leitura de um livro ou conclui um curso. Então você vai para o mundo, enriquecido e em direção a novos e melhores resultados.

Agora você está chegando ao fim da leitura deste livro, e talvez tenha concluído algum treinamento de PNL, e é adequado fazer certos questionamentos.

É a Jornada do Herói, com seus 12 passos, conhecida desde a antiga Grécia, como é trabalhada em nossos treinamentos de autoconhecimento e alta *performance*. Começa com a vida normal, seguida de desafios, a busca de orientação, a preparação, o enfrentamento dos desafios maiores e crises, até que vencendo todos os obstáculos o herói sai transformado num ser melhor... E tudo começa outra vez...

Perceba que a PNL é um sistema que lhe possibilita compreender sua natureza subjetiva, suas relações e usar seus recursos internos para a realização dos seus objetivos e seu propósito de vida. Mas atente bem, é um SISTEMA, no qual tudo está interligado com tudo. Como num organismo vivo. Para seu corpo funcionar bem é necessário que o seu sistema nervoso funcione bem, que os seus sistemas respiratório e circulatório funcionem bem, que seus órgãos funcionem bem... E assim todas as suas partes. Como num carro, em que todas as peças precisam estar bem ajustadas e funcionar bem e interativamente.

PNL é muito mais que um conjunto de técnicas. Não há substituto para uma experiência com as diferentes dimensões enriquecedoras de um bom treinamento. Nenhuma leitura leva aos mesmos patamares. Mas pode preparar você para isso. Este livro trabalha a maior parte do caminho que constitui o conteúdo de um curso transformador, chamado Practitioner, que possibilita ao participante se tornar um praticante desta ciência e arte de excelência chamada Programação Neurolinguística. É um programa desenvolvido internacionalmente que é dado em aproximadamente dez dias, ou em vários módulos, que depois é complementado com o Master, de tempo semelhante, no qual se estudam as crenças, os critérios, os valores, metaprogramas, identidade, propósito e sentido de vida e dos sistemas maiores de que fazemos parte, a família, a comunidade, nosso país e o mundo.

O Master vai mais além do Practitioner e é onde se desenvolve uma maestria maior. Os dois treinamentos se complementam e dão, juntos, uma visão prática e completa da PNL. Assim, assimilar e digerir cada ensinamento e prática e integrá-los num todo vai fazer com que você utilize uma multiplicidade de competências adquiridas e combinadas para que você dê o seu máximo. Para melhor aproveitá-los busque em cada interação e cada exercício sempre a conexão, o vínculo com o outro, o *rapport*, a sintonia... Sempre focado na ecologia de relacionamentos onde todos ganham... Sempre atento à acuidade sensorial e às posições perceptivas. Buscando uma escuta ativa e uma percepção dos níveis conscientes e inconscientes da comunicação e do funcionamento subjetivo, seu e das pessoas. E sempre interagindo com cada um dos participantes. Sempre atento a como usa o poder do pensamento, das emoções, da sua fala e da sua ação, que alinhados constituem a congruência. E como isso impacta suas relações... Lembre que a hipnose é sempre uma auto-hipnose, que em síntese é o bom direcionamento do seu pensamento e diálogo interno focado no autodomínio. Atente sempre para o alinhamento dos níveis neurológicos. Busque sempre a congruência, pois esta é a grande base do poder pessoal e da autorrealização.

Ao terminar a leitura de um livro ou um treinamento de PNL é importante você refletir sobre alguns pontos, se você realmente quer aproveitar a experiência para sua evolução.

- ✓ O que você aprendeu com a PNL que é novo para você?
- ✓ O que aprendeu que reforçou o que já sabia?
- ✓ Se deu conta de fragilidades? E de recursos que pode usar mais?
- ✓ Decidiu implementar algum hábito novo?

- O que isto muda em sua vida?
- Que decisões você toma, a partir dos seus *insights* e aprendizados?
- Você fez coisas com base nas escolhas de outras pessoas?
- E o que você escolhe pra você, a partir dos seus próprios critérios e valores?
- Que mudanças percebeu em cada área de sua vida?
- Como pensa em aplicar o seu aprendizado nas diversas dimensões da existência?
- De que coisas você gosta e faz com frequência?
- Como se sente em relação à vida como um todo?
- O que está faltando? Sobre o que você gostaria de ter lido e aprendido mais?
- Como pensa em dar prosseguimento ao seu desenvolvimento?

Como costumo dizer em nossos treinamentos, "Ari" costumava dizer que não é o que fazemos que muda nossa vida, mas sim o que fazemos repetidamente e transformamos em hábitos. E que é isso que marca nosso caráter. Sim. Aristóteles já dizia isso na antiga Grécia...

Se você ainda não fez um treinamento que envolva não apenas seu aspecto intelectual, mas também reflexões sobre suas atitudes e o desenvolvimento de uma série de habilidades e a interação enriquecedora com as pessoas, o que o tem impedido de fazê-lo? Um treinamento prático amplia e aprofunda as dimensões e possibilidades de seu aprendizado. Para mim, estar sempre aprendendo e subir novos degraus se tornaram um estilo de vida que abre sempre novos horizontes e me revitalizam...

Se você já participou de uma vivência de aprendizado em grupo, como o Practitioner em PNL ou o Acessando sua Genialidade Pessoal, altamente recomendáveis para quem quer aprender a essência da PNL e do Coaching, sugerimos que faça a si mesmo essas e mais algumas perguntas e reflita sobre as suas respostas. E se não fez, procure avaliar a sua relação com outras pessoas e grupos em sua vida. Você pode fazer esse questionamento sozinho, mas será muito enriquecedor fazê-lo junto com seus companheiros de grupo que viveram consigo a mesma experiência. Perceba que as perguntas são feitas buscando uma resposta concreta em situações que já viveu em conjunto com outras pessoas.

✓ O que aprendeu sobre si mesmo com esta experiência e com as pessoas com que você interagiu?

✓ Você se permitiu ter uma interação ampla com as pessoas e realmente se interessar por conhecê-las e se vincular a elas, mesmo nos momentos de intervalo das atividades?

✓ Criou novos vínculos e amizades novas com isso?

✓ Você tem feito *networking*? Como?

✓ Você percebe como isso pode enriquecer sua vida?

✓ Tem ouvido de forma atenta e com compreensão o que os outros dizem?

✓ Tem assumido a liderança quando necessário?

✓ Tem sido sensível aos sentimentos dos outros?

✓ Tem sido passivo ou proativo no grupo?

✓ Tem demonstrado confiar nos outros?

✓ Tem participado das atividades do grupo? Em que medida?

✓ Tem se esforçado para agradar os outros?

✓ Tem se engajado, e se comprometido com as atividades?

✓ Ou tem utilizado subterfúgios para não se comprometer?

✓ Tem assumido responsabilidades prontamente, sobre o que pensa e sente?

✓ E sobre o que você fala e faz?

✓ Tem reagido defensivamente às críticas?

✓ Tem desistido facilmente quando encontra oposição?

✓ Como tem lidado com pontos de vista contrários aos seus? Os tem respeitado?

✓ Tem costumado dominar a conversação?

✓ Tem procurado impor seu ponto de vista?

✓ Tem encarado os conflitos, e os enfrenta? Ou os evitou?

- Tem procurado de alguma forma manipular os outros?
- Tem costumado revelar claramente meus pensamentos e sentimentos?
- Os tem expressado com clareza?
- Tem reconhecido e valorizado as contribuições dos outros?
- Tem sido agressivo ou impaciente? Em que medida?
- Tem assumido suas posições e sentimentos no grupo?
- Tem dado apoio aos outros?
- Tem se omitido em situações difíceis?
- Tem recebido, com naturalidade, expressões de afeto?
- Tem conseguido expressar afeto aos outros, de forma espontânea?

Como aproveitar ao máximo o seu aprendizado com a PNL

Como já assinalou Joseph O'Connor, você já teve ter ouvido falar que 80% dos seus resultados vêm de 20% do seu esforço. Mas quais 20% lhe trazem o maior resultado?

- Você tem focalizado mais o esforço ou o resultado?
- Como você produziu seus melhores resultados?
- Como pode seguir fazendo isso?
- Você busca apenas resultados médios ou busca resultados excepcionais?
- Você identifica suas habilidades essenciais e as desenvolve?
- Você delega as coisas nas quais não é bom, mas são necessárias?
- Você foca nos projetos que realmente lhe trazem resultados?
- Como está o seu foco?
- Como você pensa em desenvolver sua melhor *performance*?
- Focalize o que deseja. Adquira o hábito de escrever suas metas em todas as áreas...
- Mantenha-se curioso quanto à sua experiência.

A PNL está no fazer. Aplique o que sabe em todas as áreas da sua vida.

E compartilhe os resultados. Aprender junto é sempre mais enriquecedor.

Respeite seu ritmo sem se exigir demais. Mas prossiga num aprendizado contínuo.

Engaje-se em algum tipo de relaxamento e meditação que lhe agrade.

Tenha consciência de suas âncoras limitantes e neutralize-as.

E amplie suas âncoras potencializadoras. Não há limites para seu crescimento.

Perceba também que tem escolhas emocionais.

Sempre que puder, reexperiencie treinamentos que já fez. Fiz isso muitas vezes e sempre me enriqueceu. Na Índia se diz que um ser humano quando vai uma segunda vez a um mesmo rio percebe que o rio já não é o mesmo, e que o homem que ali retorna também não é o mesmo. E na medida do possível conheça outras abordagens e outros treinamentos que o levem a manter-se crescendo constantemente...

Preste atenção em seu corpo e perceba o que ele lhe diz. Se tem estado sedentário movimente-se. Isso lhe trará saúde e vitalidade.

Descubra o que não faz bem e desafie-se...

Perceba que é muito mais interessante ser saudável e excepcional do que apenas estar na média... Não se contente em ser apenas normal, mas em ser cada vez mais saudável, próspero e feliz...

A vida é feita de uma série de pequenas decisões e ocasionalmente algumas grandes. Dê atenção aos detalhes... Uma grande construção é feita de pequenos tijolos perfeitamente alinhados.

Descubra qual o próximo degrau de sua evolução e vá em frente. Estar sempre em movimento ascendente lhe possibilitará evoluir sempre e manter a mente saudável e próspera...

Mantenha-se conectado a grupos de pessoas que estão crescendo juntas. Isso o auxiliará a manter uma caminhada produtiva. Preste atenção à qualidade das pessoas com quem se relaciona. Isso influenciará sua própria qualidade de vida.

Quando quiser e puder, releia este livro, buscando ampliar sua consciência e sua congruência... Busque inspiração em boas leituras dos livros de PNL e outros. Veja bons vídeos e bons filmes. Participe de boas palestras e treinamentos. Tenha boas conversas com amigos. Sinta o que você precisa aprender e vá em busca do que alimenta sua alma. Aproveite o acesso a tantas coisas boas que a tecnologia nos propicia. Mas acima de tudo pratique cada vez mais encontrar a sua melhor versão. E aprenda a arte de desapegar-se do que já não serve mais.

Esteja atento à intuição, pois é como sua sabedoria interior se manifesta para auxiliar na sua evolução.

Lembre-se sempre: informações bem utilizadas transformam-se em conhecimento. Conhecimentos aplicados para o seu bem-estar e de outros se transformam em sabedoria.

Estaremos sempre receptivos a seus retornos, *feedbacks*, perguntas e sugestões. Entre em contato. Será uma alegria seguir crescendo junto.

Referências bibliográficas:

DILTS, R. **Crenças.** São Paulo: Summus Editorial.

ANDREAS, S.; FAULKNER, C. **PNL: A Nova Tecnologia do Sucesso**. Editora Campus-Elsevier Ltda.

KNIGHT, S. **A Programação Neurolinguística e o Sucesso nos Negócios**: A Diferença que faz Diferença. Ediouro.

DERONÍ, S. **Sinto, Logo Existo.** Instituto Sabbi. Editora Alcance, 1999.

ROBBINS, A. **Poder sem Limites**. Editora Best Seller.

O'CONNOR, J. M**anual de Programação Neurolinguística** – PNL: Um guia prático para alcançar os resultados que você quer. Rio de Janeiro: Qualitymark, 2006.

HALL, L. M., Ph.D. **O Treinamento Metaestados**. AGP. Washington DC: Livraria do Congresso, 2000.

HALL, L. M., Ph.D. **Meta-PNL** – Treinamento Intensivo da PNL. Washington DC: Biblioteca do Congresso, 2001. Revisão 2006.

Libertando sua Mente com PNL

Coautores

Ademir Model (cap. 9)

Formação internacional em PNL e em Coach no Instituto Sabbi – Sociedade Brasileira de Desenvolvimento do Potencial Humano.

Psicólogo especialista em Saúde Mental. Mestrando em Educação - Espiritualidade e o trabalho de Educação em Saúde. Professor universitário. Palestrante e facilitador de grupos de desenvolvimento humano.

ademirem@bol.com
(51) 99933-6286

Ana Teles (cap. 19)

Diretora executiva da PRIME Coaching e Desenvolvimento; *master* em Programação Neurolinguística (PNL); MBA em Finanças e Gestão Estratégica de Pessoas; certificação Advanced SOAR Perfil Comportamental; certificação Train the Trainer pelo T. Harv Eker; especialista em Psicologia Clínica e do Aconselhamento; bacharel em Administração de Empresas – UFPR; *advanced coach;* formação em Coaching Integral; Quantum Evolution Coaching Clinic; coautora do livro "Coaching Gerando Resultados".

www.anatelescoach.com.br

Beatriz Pizzato (cap. 3)

Graduada em Serviço Social pela Universidade Caxias do Sul (UCS). Practitioner, Master Practitioner em Programação Neurolinguística – PNL e Curso Acessando de Gênio Pessoal – Introdução à Neurossemântica (APG) pelo INSTITUTO SABBI, Sociedade Brasileira de Desenvolvimento do Potencial Humano. Terapeuta Holística, Practitioner em Magnified Healing, Thetahealing Basic DNA e Thetahealing Advanced DNA pelo Institute of Knowledge. Terapeuta em Ayurveda. Master Reiki. Geobiologia Espiritual.

beapizzato@yahoo.com.br
(54) 99938-2662

Coautores

Beatriz Bruehmueller (cap. 8)

Trainer certificada em Neurossemântica e PNL pela International Society of Neuro-Semantics. Psicóloga Organizacional e Clínica - Unic/MT. Formação em Ciências Contábeis/MS. Meta Coaching pela International Society of Neuro-Semantics. Master Coaching, Mentoring & Holomentoring Isor/HOLOS. Pós-graduada em "Desenvolvimento de Recursos Humanos para a Qualidade", Estácio de Sá/RJ. Pós-graduada em "Comportamento Humano nas Organizações", UFMT/MT. Curso Hipnose e Hipnoterapia Ericksoniana/Imerj. Realiza treinamentos em Meta-PNL e Neurossemântica. Desenvolve programas de treinamento comportamental para empresas. Coautora dos livros "PNL nas Organizações", Ed. Leader, 2015; "Liderança e Espiritualidade", Ed. Leader, 2015; "Planejamento Estratégico para a Vida", Ed. Ser Mais, 2015; e "Coaching e Autorrealização", Ed. Literare Books, 2017.

(65) 99604-1234
beatrizb.psi@gmail.com
www.beatrizbruehmueller.com.br

Bernardo Schuch de Castro (cap. 1)

Piloto de Caça da Força Aérea Brasileira; pós-graduado em Empreendedorismo e Gestão de Negócios pela PUC-RS e em Gestão Pública pela Universidade da Força Aérea. Sócio-fundador da Vougan Incorporadora e Construtora, sócio do Instituto Happy Mind Center; *master practitioner* em PNL, *coach*, treinador comportamental e de PNL, com diversas formações complementares em oratória, *marketing* e ressignificação de crenças voltadas para mudança comportamental. Palestrante na área de liderança, ética, missão, visão e valores, com ênfase no poder do foco e da disciplina.

(51) 98244-4440
bernardoschuch@gmail.com / happymindcenter.com.br

Cecília Macedo Funck (cap. 7)

Psicóloga Clínica com mais de dez anos de experiência. Especialista em Saúde da Família e Comunidade. Terapeuta Brainspotting. Coach e palestrante. Máster em Programação Neurolinguística pelo Instituto Sabbi – Sociedade Brasileira de Desenvolvimento do Potencial Humano.

(51) 98419-5781
ceciliamf77@hotmail.com

David Medina (cap. 10)

É membro do Ministério Público e presidente da Fundação Escola Superior do Ministério Público (FMP), onde também é professor dos cursos de pós-graduação e preparatórios, já tendo auxiliado centenas de estudantes a obterem aprovação em concursos públicos com auxílio das técnicas de PNL. Practitioner em PNL pelo Instituto Sabbi. Paralelamente, dedica-se ao mentalismo, participando de eventos no Brasil e no Exterior. É membro da Sociedade Sul-Brasileira de Psicanálise, da Sociedade Latino-Americana de Coaching e da International Hypnosis Association. Ministra aulas de Ética e Psicanálise na Sociedade Sul-Brasileira de Psicanálise. É palestrante e escritor. Autor do livro "Segredos Mágicos da Sua Mente".

(51) 3508-7938
davidmedina@segredosmagicos.com.br
www.segredosmagicosdasuamente.com.br

Deroní Sabbi (cap. 4, 5, 15, 18, 20, 21 e 25)

Trainer certificado pela International Society of Neuro-Semantics(2014 e 2017); *trainer* pela Universidade da Califórnia, com Robert Dilts e Judith Deloizier (1994), IFT (2014). Psicólogo clínico, organizacional e educacional – UCS (1997). Doutor em Psicologia da Educação – Univ. Emil Brunner (2016). Formações em Renascimento (5), Dinâmica de Grupo, Liderança, Jogos de Empresa, Meditação (Índia), Mindfulness, Tradições de Sabedoria Ocidental e Oriental, Eneagrama, entre outros. Formação internacional em Constelações Familiares Estruturais e Organizacionais (2013), com Cornélia Benesh, Sabine Klenke, Guilhermo Etchegaray, Artur Tacla e Gunthard Weber.

Pós-graduado em Psicologia Transpessoal e Tradições da Sabedoria – Unipaz/Unic. Formação em Hipnose e Hipnoterapia com Sofia Bauer, Gulligan, Zeig, Rossi e outros. Formação Holística de Base, Unipaz, 1998. Treinamento internacional em Inteligência Emocional com Claude Steiner,1999. Ministra Practitioner em PNL desde 1992 e Master em PNL desde 1995. Master Avatar, na Flórida, 2012. Autor do livro "Sinto, logo existo – Inteligência Emocional e Autoestima", Ed. Alcance, 2000.

Coautor dos livros "Abrindo portas", Ed. Correio Serrano, 1976; "Manual Completo de PNL", Ed. Ser Mais, 2012; "Treinamentos Comportamentais", Ed. Ser Mais, 2012; "PNL para Professores", Ed. Leader, 2015, entre outros.

Ministrou mais de 2.000 palestras públicas, em empresas, escolas e instituições. Desenvolve programas de treinamento comportamental para empresas e escolas.

(51) 3029-1430 / (51) 99961-7685
atendimento@sabbi.com.br
www.sabbi.com.br

Décio Sabi (cap. 11)

É natural do Paraná e atualmente reside no Ceará. É filósofo e gestor empresarial na Vida Plena Assessoria e Treinamentos, empreendimento do qual é sócio-fundador. Atualmente, além de gestor escolar (Ensino Médio), dedica-se ao estudo do desenvolvimento pessoal com base na PNL, ciência da qual é entusiasta e que oferece a ele instrumental seguro para o seu autodesenvolvimento. Ele a enxerga como indispensável para auxiliar o ser humano na busca de um sentido existencial mais pleno.

(88) 99646-5353
deciosabi@hotmail.com
vidaplenaassessoria@gmail.com

Diego Wildberger (cap. 13 e 14)

Diretor da Arcadia Institute, Salvador/BA. Graduado em Odontologia. *Trainer* de Hipnose pela American Board of Hypnotherapy – EUA; *trainer* de Hipnose pela International Medical & Dental Hypnotherapy Association – EUA; *trainer* de Hipnose pela International Association of Counselors and Therapists – EUA; certificado em PNL pela The Society of NLP Richard Bandler e pela ABNLP – EUA: certificado em Hipnose pela Dave Elman Hypnosis Institute – EUA.

(71) 3052-4531
(71) 99103-0603 WhatsApp
diego@arcadiainstitute.com.br
www.arcadiainstitute.com.br

Coautores

Dolores Bordignon (cap. 17)

Pós-graduada em Psicopedagogia na PUCRS. Formação em Psicopedagogia Clínica na Escuela Psicopedagógica de Buenos Aires (Argentina), pedagoga, graduada pela PUC/RS, com especialização em Orientação Educacional. Formação em Terapia Narrativa pelo Dulwich Center (Austrália), em Terapia de Família e Casal no Centro de Estudos da Família e do Indivíduo/CEFI, em Hipnose Ericksoniana no Instituto Milton H. Erikcson Brasil Sul. *Master practitioner* em PNL. *Professional/self coach* e analista Comportamental (Behavioral Analyst) pelo Instituto Brasileiro de Coach. Certificada em Psicologia Positiva pela Clínica de Psiquiatria e Hipnoterapia Sofia Bauer. Trabalha em consultório clínico desde 1996. Ministra palestras e oficinas de desenvolvimento humano.

(51) 99991-9298
dolores.bordignon@terra.com.br
www.doloresbordignon.com.br

Ednilson Moura (cap. 6)

Personal & professional coach, membro da Sociedade Latino-Americana de Coaching. Estudioso do comportamento humano. Formação em Ciências Biológicas pela Universidade Gama Filho. MBA em Negócios na Construção Civil com TCC em Inteligência Emocional. *Practitioner* em PNL (Programação Neurolinguística) pelo Instituto Sabbi – Sociedade Brasileira de Desenvolvimento do Potencial Humano. Facilitador de Barras de Access Consciousness.

(47) 99715-0006
ednilson@emocaoeequilibrio.xyz
www.emocaoeequilibrio.xyz

Lisete Gorbing (cap. 21, 23 e 24)

MBA em Coaching pela Fappes/SBCoaching, Executive, Alpha, Positive e Master Coaching pela SBCoaching/ Behavioral Coaching Institute (BCI) e International Coaching Council (ICC). Coaching Clinic Avançado pela Corporate Coach University International (CCI). *Master practitioner* e *trainer* em Programação Neurolinguística. Graduada em Matemática. Pós-graduada em Supervisão Escolar (Fapa/RS) e Terapia Floral pelo IBEH/Núcleo Superior de Estudos Governamentais - Uerj. Formação em Dinâmica de Grupos e Jogos de Empresa. *Head trainer* do Instituto Sabbi (Sociedade Brasileira de Desenvolvimento do Potencial Humano). *Trainer* pelo IFT. Mais de 30 anos de experiência em Gestão de Pessoas. Coautora do livro "PNL para Professores", da Editora Leader.

(51) 99961-7385
lisete2010@gmail.com
www.sabbi.com.br

Lourdes Costa (cap. 12)

Graduada em Ciências Sociais, Gestão Escolar, Supervisão Escolar e Orientação Educacional. Practitioner, Master em PNL, e Introdução à Neurossemântica/Genialidade Pessoal pelo Instituto Sabbi/Sociedade Brasileira de Desenvolvimento do Potencial Humano/RS. Leader Coach e Coaching Practitioner pela Abracoaching/Poá. Terapeuta Naturalista, com Formação em Acupuntura e cursos de Psicologia direcionada à Parapsicologia, Aromaterapia, Terapia Floral de Bach, Florais de Minas, Linguagem do Corpo, Cura Eletrônica, EFT – Desbloqueio Emocional Energético.

(55) 99963-0303 / (55) 99927-5478
escola.re9@gmail.com / lourdestcosta2011@hotmail.com

Maricléia dos Santos Roman (cap. 16)

Psicóloga graduada pela UPF/RS, especialista em Saúde da Família, Jurídica pela Unochapecó/SC, palestrante, *coach* formada pelo Instituto Brasileiro de Coaching (IBC), como Professional and Self Coaching, certificada nacionalmente pelo IBC e internacionalmente pelo European Coaching Association, Meta-Fórum Internacional Global Coaching Community e Internacional of Coaching, analista comportamental certificada pelo IBC, *practitioner* e *master* em PNL pelo Instituto Sabbi (Sociedade Brasileira de Desenvolvimento do Potencial Humano/RS) e perita.

(49) 99132-9832 / (55) 9 9978-3004
saudemental.sucesso@gmail.com
www.saudementalesucesso.com.br

Marlise Beatriz Felinberti (cap. 2)

É terapeuta; *master practitioner* em PNL pelo Instituto Sabbi – Sociedade Brasileira de Desenvolvimento do Potencial Humano – 2012-2013; mestre em Reiki Usui – 2011. Facilitadora de grupos de meditação e práticas integrativas à saúde desde 2007. Autora de CDs de meditação e auto-hipnose.

(51) 98165-7490 / 3592-7921
marlise.beatriz.marketing@gmail.com.br
marlise.beatriz@yahoo.com.br
www.marlisebeatrizfelinberti.blogspot.com.br

Paulo Bach (cap. 22)

Engenheiro, pós-graduado Poli-USP, Gestão Empresarial FGV. Pós em Qualidade e Produtividade ITQC/IPT, e MBA FIA-USP. Consultor Organizacional por 26 anos, e gestor por 17, soma 44 à frente de empresas. Professor universitário, pesquisador premiado, autor de Patentes, pela USP desenvolveu pessoas em escala nacional. *Meta-coach, trainer* em Neuro-Semântica e membro do ISNS. Realiza palestras, workshops, treina grupos, equipes, times, gestores, e lideres para excelência. É Idealizador da Escola de Desenvolvimento, um contemporâneo conceito de organização cooperativa.

www.paulobach.com.br

Tâmis Görbing Bastarrica (cap. 23)

Fonoaudióloga clínica, atuando principalmente com crianças e adolescentes nas áreas de fala e linguagem, leitura e escrita e motricidade orofacial, especializanda em Estimulação Precoce pelo Centro Lydia Coriat, *master practitioner* em PNL pelo Instituto Sabbi & WNPLC. Formação em Coaching Clinic pela Corporate Coach University International (CCI). Coautora do artigo "Aquisição da linguagem por um viés enunciativo". Participação em vários eventos de atualização. Convidada a participar de conversas com professores, pais e público em geral.

(51) 991826986
fono.tamis@gmail.com

Prezado leitor,

Você é a razão de esta obra existir, nada mais importante que sua opinião.

Conto com sua contribuição para melhorar ainda mais nossos livros.

Ao final da leitura acesse uma de nossas mídias sociais e deixe suas sugestões, críticas ou elogios.

WhatsApp: (11) 95967-9456
Facebook: Editora Leader
Instagram: editoraleader
Twitter: @EditoraLeader

Editora Leader.